¿SABE USTED ESPERANTO?

CURSO PRÁCTICO DE LA LENGUA INTERNACIONAL

Hess, Jorge
    ¿Sabe usted Esperanto?: Curso práctico de la lengua internacional /
    Jorge Hess; compilado por Roberto Sartor; ilustrado por Carlos Wappers;
    con prólogo de Enrique Balech. - 1ª ed. - Buenos Aires: Deauno.com, 2010.
    186 p.: il.; 21 x 15 cm.

    ISBN 978-987-1581-94-8

    1. Enseñanza del Esperanto. I. Sartor, Roberto, comp. II. Wappers, Carlos,
    ilus. III. Balech, Enrique, prolog. IV. Título
    CDD 499.9

contacto@elaleph.com
http://www.elaleph.com

Para comunicarse con los autores: redakcio.ar@gmail.com

Primera edición

ISBN 978-987-1581-94-8

Hecho el depósito que marca la Ley 11.723

Jorge Hess

¿Sabe Usted Esperanto?

Curso Práctico de la Lengua Internacional

deauno.com

BIBLIOTECA DE LA ESCUELA ARGENTINA DE ESPERANTO

1. A. Battig y R. Sartor, Esperanto, una cura a las heridas de Babel
2. J. Hess, ¿Sabe usted Esperanto?
3. Diccionario Esperanto-Español. Español-Esperanto
4. A. López Luna, Zamenhof, iniciador del Esperanto

PRÓLOGO

DEL PRÓLOGO DE LA EDICIÓN ORIGINAL 1956

LOS QUE SIGUEN el movimiento esperantista en la Argentina saben bien cuán importante ha sido la influencia de Jorge Hess, incansable y veterano profesor de la Liga Argentina de Esperanto.

Por eso este libro tiene en su nombre una garantía. Sabemos que siempre se podrán discutir métodos, pero es indudable que la enseñanza gradual, sobre la base de ejercicios y frases de inmediata aplicación, y en que las explicaciones gramaticales fluyen espaciadas y naturales, es más atractivo que el llamado "gramatical".

Tal es el camino seguido con habilidad por el autor de este libro, que nos lleva, por una serie de lecciones bien graduadas, al dominio de ese maravilloso lenguaje internacional que es el Esperanto.

Los ejercicios son atrayentes, las explicaciones claras y breves, el vocabulario es de inmediata y cotidiana aplicación y no se omite el buen humor. Contribuyen al éxito didáctico los excelentes dibujos de Wappers, cargados de sentido y de gracia. Bien podemos decir que Hess y Wappers han logrado hacer una obra excelente para el aprendizaje del idioma internacional, y tan útil al alumno de un curso como al autodidacta.

Como profesor de Esperanto y presidente de la Liga Argentina de Esperanto agradezco a Hess y a su colaborador artístico el regalo de esta obra.

PROF. ENRIQUE BALECH (1912-2007)[*]

[*] NOTA DEL EDITOR: Pasados ya muchos años de la publicación del texto original, que fuera reeditado en repetidas ocasiones, se ha decidido hacerlo nuevamente sin modificaciones y sólo con un apéndice titulado "El Esperanto en la era Internet". Efectivamente el fenómeno Internet, ha revolucionado los métodos para el aprendizaje de idiomas. Ingresar al "Esperanto-Internet" será el complemento obligado al uso de este manual básico.La escuela Argentina de Esperanto lo pone a disposición no solo de sus docentes y alumnado, sino de todos aquellos que simpatizan con la idea de un idioma internacional alternativo. Por problemas de escaneo y composición digital, en la presente edición pueden aparecer errores en algunas palabras. (R.SARTOR – Editor, enero 2011).

Qué es el Esperanto

El Esperanto es el latín de la democracia.

EL LATIN SIRVIÓ en su tiempo de vehículo al pensamiento universal en todo el Occidente. Los hombres de ciencia y los filósofos de entonces se intercomunicaban por medio de él con relativa facilidad. Para los demás miembros de aquellos pueblos —en su mayor parte analfabeta— separados por distancias que se median en meses, la necesidad de una lengua común no existía y vivían perfectamente sin esta preocupación, separados por más de tres mil idiomas y dialectos.

Pero desde el reinado del latín a nuestros días, la técnica ha reducido enormemente las distancias. El mundo de tres años de Magallanes se ha reducido a un mundo de unos pocos días para los aviones comerciales, y la radio ha anulado, prácticamente, todas las distancias en nuestro planeta.

Lo absurdo es que en este mundo así reducido y cuyos habitantes están en constante comunicación, los pueblos siguen divididos en sus tres mil idiomas y dialectos. El latín ha sido reemplazado por el traductor.

Radio, cine, libros, diarios, conferencias internacionales, todo lo que traspase las fronteras lingüísticas, es dominio del traductor. Pero la traducción no es el remedio sino un paliativo deficiente, antieconómico y lento. Y esto no resuelve la comunicación personal, de hombre a hombre. Aún en los congresos internacionales, sus participantes tienen relaciones personales de sordomudos.

Ninguna lengua nacional puede cumplir función de lengua internacional, por tres razones: a) las lenguas nacionales, debido a sus caprichosas irregularidades, son difíciles de aprender y de emplear con mediana corrección; b) crearía un privilegio inadmisible para la nación cuya lengua se adoptara; c) todo imperialismo lingüístico comporta inevitablemente un imperialismo cultural; el dominio de un tipo de cultura sobre los demás.

El Esperanto es la lengua que todo hombre moderno debe poseer, junto a su lengua materna, para entenderse con extranjeros en un pie de igualdad democrática. El Esperanto es la solución práctica y simple del problema de la lengua internacional y como tal ya funciona.

La UNESCO ha reconocido su importancia en las relaciones culturales. Existen sociedades de Esperanto en todos los países, y la Asociación Universal de Esperanto, con su red de delegados cubre todo el mundo.

El Esperanto es enseñado en escuelas elementales, secundarias y superiores en varios países. Es usado actualmente en todas las actividades de la vida humana, en empresas privadas, organizaciones de cultura y por varios gobiernos. Numerosas estaciones de radio transmiten en Esperanto. En 1970, treinta y cinco mil libros, entre originales y traducciones formaban la literatura del Esperanto y esta cantidad continúa creciendo. Las publicaciones en la lengua internacional relacionan a la comunidad esperantista, que además mantiene una activa correspondencia.

Los esperantistas se reúnen todos los años, en Congresos Universales que constituyen algo así como su parlamento y donde se practica el Esperanto como lengua oratoria.

Los cultores del Esperanto constituyen pues, un verdadero pueblo que ha realizado la proeza de libertarse de la maldición babélica. Para formar parte de esta comunidad, que ha abierto un camino que la humanidad tendrá que recorrer, no hace falta otro requisito que seguir leyendo con atención las páginas de este libro.

Cómo es el Esperanto

El Esperanto, obra maestra de lógica y sencillez.
(Academia de Ciencias de París)

LA GRAMÁTICA DEL Esperanto es muy sencilla. La componen dieciséis breves reglas. Estas reglas no tienen excepción.

El Esperanto es fonético. Se escribe como se pronuncia. Cada letra representa siempre el mismo sonido.

El vocabulario de Esperanto ha sido tomado de las principales lenguas europeas o de sus fuentes y la selección ha obedecido al criterio de máxima internacionalidad.

Alrededor de un setenta por ciento de sus elementos son de origen latino o neolatino, por lo tanto reconocibles para todo hispanohablante.

En toda palabra hay un elemento llamado raíz, del cual se derivan otras palabras y que en español suele variar considerablemente: *lluvia - pluvial, hígado - hepático.* A veces, la derivación puede partir de otra raíz: *hermano - fraterno, casa - doméstico,* etcétera. En Esperanto la raíz es invariable, decirnos: *pluvo - pluva, hepato-hepata, frato - frata, domo - doma.* Las terminaciones o, a, e, agregadas a la raíz dan el sustantivo, el adjetivo, el adverbio respectivamente; la i marca el infinitivo de los verbos. Esto rige para todos los verbos, sustantivos, etcétera:

tefefono	**telefona**	**telefone**	**telefoni**
teléfono	telefónico	telefónicamente	telefonear
parolo	**parola**	**parole**	**paroli**
(la) palabra	oral	oralmente	hablar

VERBOS

En Esperanto el pronombre determina la persona, y la terminación, el tiempo. Existe una sola conjugación absolutamente regular. Tan sólo doce desinencias o terminaciones reemplazan con ventaja los miles de ellas que acumulan las lenguas nacionales. En Esperanto no hay verbos irregulares ni defectivos.

VERBO **ESTI** VERBO SER

mi estas yo soy

vi estas tú eres

li estas él es

ni estas nosotros somos

vi estas vosotros sois

ili estas ellos son

VERBO **IRI** VERBO IR

mi iras yo voy

vi iras tú vas

li iras él va

ni iras nosotros vamos

vi iras vosotros vais

ili iras ellos van

lo que no quita que con ayuda de este mismo verbo "ser" único **auxiliar,** se puedan componer los tiempos más sutiles cuando sea necesario sutilizar.

COMPOSICIÓN

El Esperanto toma sus elementos (raíces, prefijos, sufijos, terminaciones) de las grandes lenguas de cultura, pero poniendo orden en ellos y regularizando sus funciones, con lo que obtiene de ellas el máximo rendimiento.

En nuestras lenguas nacionales todas las palabras deben buscarse en gruesos diccionarios: teléfono, telefónico, telefonista, etcétera; en el diccionario del Esperanto, para esta idea sólo hallaremos **telefono** las demás palabras las formarnos con los elementos regulares de la lengua: **telefona, telefonisto**, etcétera, así como palabras que no existen en castellano, como **telefonistino** una telefonista; **telefonejo** (pronunciado -**eio**) que es una cabina telefónica. Hemos agregado aquí a la raíz **telefon** los sufijos -**ist**, -**ej**, -**in** que indican la profesión u oficio, el local o lugar y el femenino. Y así, disponemos de afijos para instrumento, soporte, envase o continente, cualidad abstracta, conglomerado, fracción, múltiplo, etcétera

Todo lo que no tiene sexo es neutro, con lo que se elimina la inconveniencia de asignar género a las cosas, género que es distinto según el idioma.

El carácter aglutinante del Esperanto (y en esto se aproxima a las lenguas de extremo oriente) le permite formar fácilmente palabras compuestas, fértil recurso del que carecen nuestras lenguas neolatinas. **Fervojo** (pronunciar -**oio**) es una palabra compuesta de: **fer** -raíz de **fero** -hierro y **voj**- (pronunciar **voy**), raíz de **vojo**=camino, más la terminación sustantiva. Y diremos **fervojisto** por ferrocarrilero.

Como fervojo se forman infinidad de palabras: paperfabriko, gasmotoro, elektromotoro, muzikins-instrumento, dancmuziko, operteatro, policnovelo, etcétera.

APRENDAMOS ESPERANTO

Son tan insignificantes los sacrificios que todo hombre debe realizar para aprender Esperanto, y tan inmensos los beneficios que de ello han de resultar, que nadie debe sustraerse de hacer ese estudio.

LEON TOLSTOY

EL ALFABETO DE Esperanto consta de veintiocho letras. Cada letra representa sólo un sonido:

Aa, Bb, Cc, Ĉĉ, Dd, Ee, Ff, Gg, Ĝĝ, Hh, Ĥĥ, Ii, Jj, Ĵĵ Kk, Ll, Mm, Nn, Oo, Pp, Rr, Ss, Ŝŝ, Tt, Uu, Ŭŭ, Vv, Zz.

Las vocales, a, e, i, o, u, son iguales que en español. Con excepción de las que siguen, las consonantes se pronuncian como en español:

c suena como ts: **danco, cedro** (dantso, tsedro).

ĉ como ch: **ĉu** (chu), **ĉambro** (chambro).

g es siempre suave: **gitaro** (guitaro), **gemo** (guemo), **ganto,** (ganto).

ĝ como en italiano "giardino" o como j en "Jeep", "jockey".

h suena aspirada como en inglés, o como la j de los mejicanos, mucho más suave que la de España.

ĥ como nuestra j. **ĥoro** (joro).

ĵ como j francesa en "journal" o como la s en inglés "treasure" o "visión".

ŝ como sh en "Shakespeare" o la ch francesa en "chic".

z suena como en francés o en inglés o como la s en italiano "casa" o como pronunciamos la s de musgo, rasgo

j ŭ son semiconsonantes.

j suena como y en voy, hoy o como i en hielo, hiato. Forma sílaba (diptongo) con la vocal vecina: **aj, ej, oj, uj,** (ay, ey, oy, uy) **Jes** (yes), **kaj** (cay).

ŭ es la u breve de Europa, auto, y también forma diptongo con la vocal vecina: **Eŭropo, aŭto.**

Las letras q, w, x, y no existen en el alfabeto de Esperanto. Tampoco existen letras dobles ni mudas.

El nombre de las consonantes se forma agregando a éstas la letra o: bo, co, do, jo. ŭo, etcétera.

El ACENTO recae siempre sobre la penúltima sílaba.

El número de vocales de una palabra indica el número de sílabas que la forman. En Esperanto el acento no se escribe, sólo se pronuncia; no hay tilde (´).

Ejemplos:

Papero estas utila (papéro éstas utila). Como la j no es vocal, el plural **Paperoj estas utilaj** (papéroy éstas utilay) no cambia de acento, pues las sílabas son pa-pe-roj, u-ti-laj. Así jes (yes, como en inglés) es una sílaba, pero ies (íes) son dos. **Belaj** (bé-lay) son dos, mientras que **balai** (ba-lá-i) son tres. **Baldaŭ** (bál-dau) dos silabas; **balau** (ba-la-u) son tres. Y así **Maria** (Ma-ri-a), **Sonja** (Sónia); **kio, kiu** (quí-o, quí-u).

Este artificio de la **j** y la **ŭ** permite al Esperanto disponer de diptongos sin recurrir al acento ortográfico.

b, v: Los de habla española deberán tener presente que el sonido de la "b" es muy distinto que el de la "v" y que en Esperanto deben diferenciarse perfectamente. La v es siempre labidental: **bela, velo, baro, varo.**

r, rr: En Esperanto la "r" no tiene dos sonidos, como en español (rosa, aro) ; siempre es suave como en "pared" En **rivero** las dos eres suenan igual.

Cuando en una palabra se suceden dos letras iguales se pronuncian separadamente. Así **mallonga** (mal-longa) -corta, **opinii** (opini-i) -opinar.

La **frato estas bona** -el hermano es bueno. Descompongamos esta simple oración en sus elementos:

La es el artículo determinado. Se lo emplea en general como en castellano, al referirse a cosas o seres conocidos o determinados. La indeterminación: "un hermano" se traduce por ausencia de artículo, y el problema se resuelve con economía.

Frato es sustantivo. El sustantivo es el nombre de las cosas o seres. Frato se compone de la raíz **frat**- y de la terminación -o, que corresponde a todos los sustantivos en Esperanto.

estas indica el estado. Es un verbo. El verbo es una palabra que expresa acción o estado. Tenemos aquí la raíz -**est** y la terminación -as que 1levan en Esperanto todos los verbos en tiempo presente.

bona señala la cualidad. Es un adjetivo y por eso termina en -**a** como todos los adjetivos en Esperanto.

Si ponemos la frase en plural:

La fratoj estas bonaj = Los hermanos son buenos, (pronúnciese: la frátoi éstas bónai), notamos que el artículo la no ha variado, que el plural se forma añadiendo una j final al nombre y al adjetivo; que el verbo estas no cambia en el plural.

Y si decirnos:

La fratino estas bona = La hermana es buena, (pronúnciese: la fratino éstas bóna), observamos que el artículo la permanece invariable, que el adjetivo bona es igual para masculino y femenino.

Ĉu la frato estas bona? = ¿Es bueno el hermano? (pronúnciese: chu la fráto éstas bóna). El español tiene el signo de interrogación invertido "¿", que otras lenguas no usan porque interrogan invirtiendo la frase. En Esperanto tenemos el signo sonoro **ĉu** (chu) que se ve y se oye, y no obligo a entonación determinada.

Ĉu = ¿

Kiu estas bona? = ¿Quién es bueno? nos muestra que, naturalmente, no hace falta poner ĉu ante una palabra que de por si ya es interrogativa. Le mismo ocurrirá con **kio?** (quío) = ¿qué cosa?, etcétera.

La libro estas nova (nuevo).

–Ĉu la libro estas nova?

–Jes, la libro estas nova.

–Kio estas nova?

–La libro.

Jes = si. **Ne** = no.

–Ĉu Esperanto estas facila?

–Jes!

Y, antes de comenzar con la **1-a Leciono**, retenga y trate de seguir estos pocos consejos, aplicables al estudio de cualquier lengua:

• Lea en voz alta.

• Es preferible leer y releer los textos que memorizar reglas.

• Antes de recurrir al vocabulario, trate de comprender.

• No traduzca mentalmente. Al responder preguntas hágalo directamente en la nueva lengua.

1-A Leciono

En la ĉambro estas tablo.

En la ĉambro estas ankaŭ seĝo

En la ĉambro estas tablo kaj seĝo.

Sur la tablo estas libro, papero, plumo kaj floro.

Sur la seĝo estas kato.

La kato dormas.

En la ĝardeno estas birdo.

La birdo kantas.

Tablo estas meblo. Seĝo ankaŭ estas meblo.

Kato ne estas meblo.

Kio estas kato? Kato estas besto.

Ĉu elefanto estas besto? Jes, elefanto ankaŭ estas besto.

Ĉu en la ĉambro estas elefanto?

Ne, en la ĉambro ne estas elefanto.

Kio estas en la ĉambro?

En la ĉambro estas tablo...

Ĉu la kato estas en la ĝardeno?

Ĉu la kato kantas?

Ĉu la birdo dormas?

Kio estas sur la tablo?

Ĉu la libro estas sur la seĝo?

Petro diras:

Mi estas Petro. Mi estas sola.

Vi estas Karlo. Mi ne estas sola; mi estas kun vi.

Li estas Alberto. Mi estas kun Karlo. Li, Alberto, ankaŭ estas en la ĉambro

Ŝi estas Maria

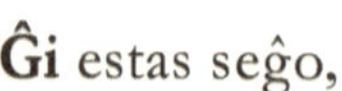

Ĝi estas seĝo,

Ĝi estas besto.

Eleganta **sinjorino** iras kun infano.
Ŝi estas eleganta,

Dika sinjoro iras kun infanino. Li estas dika.
Kiu estas eleganta? Ŝi, la sinjorino.
Kiu estas dika? Li, la sinjoro.
Kiu iras kun infano? Kiu iras kun infanino? Ĉu la eleganta
sinjorino iras kun la dika sinjoro?
Alberto estas juna, forta fraŭlo.
Maria estas juna, bela fraŭlino.
Ĉu vi iras kun bela fraŭlino?
Ĉu Alberto estas juna kaj forta? Jes, li estas juna kaj forta.
Ĉu Maria estas bela fraŭlino? Jes, ŝi estas bela.
Ĉu mi estas Petro? Ne, sinjoro, vi ne estas Petro, vi estas la
instruisto.
Ĉu vi estas la instruisto? Ne, sinjoro, mi ne estas la instruisto,
mi estas **lernanto**.
Ĉu vi estas infano? Ĉu vi estas sinjoro Pérez?
Ne, mi ne estas sinjoro Pérez.
Kiu vi estas? - Mi estas. .
Kiu mi estas? . Vi estas...
La libro ne estas sur la seĝo, ĝi estas sur la tablo.
　　La nigra kato ne kantas, ĝi dorrnas
Ĉu la birdo kantas en la ĉambro? Ne, la birdo ne kantas en la
ĉambro, ĝi kantas en la ĝardeno.
Ĉu vi komprenas?
Jes, mi komprenas.

Vocabulario

NOTA: En el vocabulario que sigue a cada lección, como en el que se encuentra a final del libro, solo se da, en la traducción de los adjetivos, el equivalente masculino (bona - bueno). Los verbos irán en infinitivo. Al buscar *kantas* se encontrará *kanti*. En los vocabularios de las lecciones las palabras están agrupadas según la categoría gramatical de la raíz.

BESTO	ANIMAL	**DORMI**	DORMIR
BIRDO	AVE,	**ESTI**	SER, ESTAR
	PAJARO	**IRI**	IR
ĈAMBRO	HABITACIÓN	**KANTI**	CANTAR
	CAMARA	**KOMPRENI**	COMPRENDER
FLORO	FLOR	**LA**	EL, LA, LO,
FRAŬLO	(UN)		LOS, LAS
	SOLTERO	**MI**	YO
INFANO	NIÑO	**VI**	USTED
INSTRUISTO	MAESTRO	**LI**	EL
	INSTRUCTOR	**ŜI**	ELLA
KATO	GATO	**ĜI**	ELLO (ÉL, ELLA)
ĜARDENO	JARDÍN		PRONOM.
			NEUTRO
LERNANTO	ALUMNO	**KAJ**	Y, É
MEBLO	MUEBLE	**KIO**	QUÉ
PAPERO	PAPEL		QUE COSA
PLUMO	PLUMA		CUAL
SEĜO	SILLA	**KIU**	QUIEN, CUAL
TABLO	MESA		EN CUAL
BELA	BELLO		LA CUAL
BLANKA	BLANCO	**EN**	EN
DIKA	GORDO	**KUN**	CON, EN
	GRUESO		COMPAÑÍA DE
ELEGANTA	ELEGANTE	**SUR**	SOBRE
FORTA	FUERTE	**ANKAŬ**	TAMBIÉN
JUNA	JOVEN	**JES**	SI
NIGRA	NEGRO	**NE**	NO

FEMENINO Y MASCULINO. En español decimos (la) silla, (el) banco, atribuyendo sexo a cosas inanimadas. En Esperanto la lógica y la simplificación se restablecen: el sexo solo se indica en el nombre cuando éste evidentemente lo exprese - ser humano y animales. Los demás nombres, por consiguiente, serán neutros: (**la**) seĝo, (**la**) benko, o reemplazados por el pronombre neutro **ĝi**. También el adjetivo es neutro: **bona** infano, **bona** infanino.

El género gramatical no existe en Esperanto.

ARTICULO INDETERMINADO no existe en Esperanto: sur la tablo estas libro - sobre la mesa hay *un* libro.

Ĝi es pronombre neutro. Reemplaza al nombre de las cosas: **la libro ne estas nigra, ĝi (la libro) estas blanka**. Y también como en inglés, se lo emplea cuando nos referimos en general, a niños pequeños o animales - **la birdo ne parolas, ĝi (la birdo) kantas.**

ESTAS traduce a ser, estar, haber: El libro es bello - **la libro estas bela**; el libro está sobre la mesa - **la libro estas sur la tablo**; sobre la mesa hay un libro - **sur la tablo estas libro.**

IN. El sufijo -in forma los femeninos: **sinjoro** - señor; **sinjorino** - señora; **kato** - gato; **katino** - gata. Observe que el sufijo va colocado entre la raíz y la terminación gramatical: **kat-in-o**. Recordemos los femeninos castellanos gallo - gallina; héroe - heroína.

2-A LECIONO

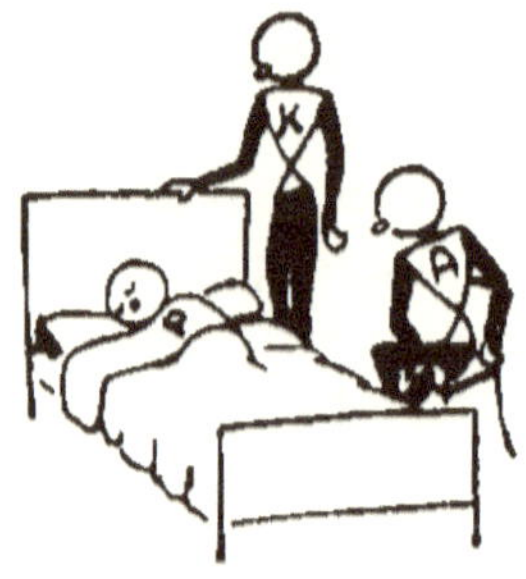

Karlo esas **sana**. Alberto ankaŭ estas sana.

Petro ne estas sana, li estas malsana.

Petro **kuŝas** en la **lito**. Karlo **staras**.

Alberto **sidas** sur seĝo.

Kiu estas malsana? Kiu kuŝas? Kiu sidas? Kiu staras? Ĉu vi estas sana? Ĉu vi kuŝas? Ĉu la instruisto sidas? Ĉu vi sidas sur lito? Sur kio vi sidas? Ĉu lito estas besto? Kio estas lito?

La fraŭlo estas forta, sana, gaja; li estas juna.

La sinjoro estas malforta, malsana, malsana, malgaja; li estas maljuna.

Kia estas la fraŭlo?

Kiu estas forta?

Kia estas la maljuna sinjoro?

Kiu estas malforta?

Kia estas Petro?

Tiu sinjoro estas Karlo.
Kiu li estas?

Tiu sinjoro ne sidas, li staras.
Tiu sinjoro ne kantas, li **legas**.

Kio estas en la mano de Karlo?

Tio estas arbo. Tiu arbo staras.

En la mano de Petro estas floro. Tiu floro estas rozo. Tiu floro estas **rozo**, bela **ruĝa** rozo.

Kio estas tio? Kia estas la rozo?

Tio ankaŭ estas arbo. Tiu arbo ne staras, ĝi kuŝas. Tiu arbo estas **verda**. Blanka papero kuŝas sur la tablo.
Kio kuŝas? Ĉu la arbo estas ruĝa?

Petro diras: Mi estas en la ĉambro kaj ankaŭ vi, Alberto, estas en la ĉambro.

Mi kaj vi estas en la ĉambro: ni estas en la ĉambro. Kiuj estas en la ĉambro?

Maria diras: Mi estas en la ĉambro. Vi, Petro kaj Alberto, ankaŭ estas en la ĉambro.

Alberto diras: Rodolfo kaj Ana ne estas en la ĉambro, ili estas en la ĝardeno.

Unu (1) pomo. Ĝi estas malbela, malbona frukto.

Du (2) pomoj. Ili estas belaj, bonaj fruktoj.

Kia estas la pomo?

Kiaj estas la du pomoj?
Unu kaj unu estas du.
Unu pomo kaj unu pomo estas du pomoj.

Ĉu la libro estas en la biblioteko? Jes, ili estas en la biblioteko.

Rodolfo kaj Ana ne sidas en la ĉambro, ili parolas en la ĝardeno. Ili estas gajaj. Ili estas bonaj amikoj. Ili parolas en la simpla, facila, bela Esperanto. Ili estas modernaj.

Ĉu vi komprenas?, demandas la instruisto.
Jes, ni komprenas, respondas la lernantoj.

Vocabulario

AMIKO	AMIGO	**KUŜI**	YACER.
ARBO	ARBOL		ESTAR ACOSTADO
BIBLIOTEKO	BIBLIOTECA	**SIDI**	ESTAR SENTADO
FRUKTO	FRUTA-O	**STARI**	ESTAR DE PIE, PARADO
LINGVO	LENGUA, IDIOMA	**LEGI**	LEER
LITO	CAMA, LECHO	**PAROLI**	HABLAR
POMO	MANZANA	**UNU**	UNO
ROZO	ROSA	**DU**	DOS
BONA	BUENO	**NI**	NOSOTROS-AS
FACILA	FÁCIL		
GAJA	ALEGRE	**VI**	VOSOTROS-AS
INTERNACIA	INTERNACIONAL		
		ILI	ELLOS-A
MODERNA	MODERNO		
NOVA	NUEVO	**TIU**	ESE, AQUEL
RUĜA	ROJO	**TIO**	ESO, AQUELLO
SANA	SANO		
SIMPLA	SIMPLE	**KIA**	QUE, CUAL (CLASE, CUALIDAD)
VERDA	VERDE		

PRONOMBRES PERSONALES

Singular Plural	Si observamos los pronombres personales vemos que la 2-a persona del plural (**Vi**), es igual que el de la singular (como en inglés y francés), y la tercera persona del plural (**Ili**) sirve para el masculino, el femenino y el neutro: *Petro kaj Karlo estas junaj - ili estas junaj; Maria kaj Ana estas belaj - ili estas belaj; la pomoj estas ruĝaj - ili estas ruĝaj.*
MI **NI** **VI** **VI** **LI** ⎫ **ŜI** ⎬ **ILI** **ĜI** ⎭	

MAL - es un prefijo que indica idea contraria a la expresada en la raíz: *nova - malnova; juna - maljuna.*

KIA indaga siempre acerca de la cualidad, calidad, aspecto y exige un adjetivo como respuesta. *Kia ŝi estas? Bela, juna. Kia estas la pomo? Ruĝa, bona.*

SIDAS, STARAS, KUŜAS. Si comprendemos que *Petro kuŝas* significa Pedro yace (está acostado), comprenderemos que *Petro sidas,* es Pedro está sentado, y *Petro staras,* Pedro está de pie.

Al pronunciar palabras como *staras,* cuídese de no añadir una vocal inexistente; no diga *e-staras.* Para acostumbrarse al pronunciar, por ejemplo, *li staras,* prolongue la i de li, uniéndola casi a la s de staras: *li-s-taras.*

Nunca diremos en castellano eso libro, sino ese libro, tampoco diremos en Esperanto *tio libro,* sino *tiu libro, tio estas libro -* eso es un libro; *tiu libro estas la nova gramatiko -* ese libro es la nueva gramática.

UNU POMO. En Esperanto no existe artículo indeterminado (un, una, unos, unas). *Sur la tablo estas libro kaj paperoj* - sobre la mesa hay un libro y unos papeles. En *unu pomo*, *unu* no es artículo, sino el número 1; nos referimos a la cantidad.

El plural se forma con la terminación -j. Recuerde que la letra j no agrega sílaba, y que el acento permanece en el mismo lugar: pómo - pómoj. El adjetivo concuerda en número con el sustantivo: unu bona pomo - una buena manzana, du bonaj pomoj - dos buenas manzanas.

La **fontoplumo** estas **mia**. Mia fontoplu-
mo estas en mia poŝo.
Ĉu mia fontoplumo estas en via **poŝo**?

La **ĉapelo de** Maria estas eleganta. **Ŝia**
ĉapelo estas eleganta.

La **pantalono** de Karlo estas **granda**. **Lia**
pantalono estas granda.

Kia estas la pantalono de Karlo?

Kia estas la ĉapelo de Maria?

Ĉu via ĉapelo estas ruĝa?

Mia amiko Petro estas en lia ĉambro.

Karlo estas amiko de Petro kaj Maria. Li
estas **ilia** amiko.

Ĉu via amiko estas bona lernanto?
Ĉu via patro estas juna?
La viro kuras **antaŭ** la **hundo**. La
hundo juras **post** la viro. Ili ku-
ras.
Ĉu la sinjoro staras? Kiu kuras
post li? La ĉapelo **flugas**.
Kiu kuras antaŭ la hundo? Kio flugas? Ĉu la birdoj flugas? Ĉu
la sinjoro estas feliĉa? Kiu staras antaŭ la lernantoj?

En la domo estas **unu larĝa fenes-tro** kaj unu mallarĝa **pordo**. **Apud** la domo alta verda arbo staras. Antaŭ domo **pendas lampo**. **Sub** la lampo viro sidas kaj **skribas**. Sur la blua **ĉielo tri birdoj flugas**. Antaŭ la domo estas **vojo**. La vojo estas longa. Sur la vojo iras aŭtomobilo. **Inter** la domo kaj vojo estas ĝardeno. La suno **brilas**, la ĉielo estas blua. Homoj kaj bestoj estas feliĉaj.

Kia estas la fenestro, la arbo, la pordo, la ĉielo, la vojo? Kio pendas? Ĉu la viro iras? Sub kio li sidas? Apud kiu vi sidas?

Viroj estas fortaj kaj malbelaj.
Virinoj estas belaj kaj **delikataj**.
Viroj kaj virinoj estas homoj. Infanoj kaj infaninoj estas mal-grandaj homoj.

$$\text{HOMO} = \begin{cases} \text{Infano} & \text{Viro} \\ \text{Infanino} & \text{Virino} \end{cases}$$

En la domo estas ĉambroj, en la ĉambroj estas **muroj,** sur la muroj pendas **bildoj**.
Ĉu estas bildoj en la libro?
Ĉu vi estas viro? Ĉu vi estas forta kaj malbela?
Kiaj estas la viroj?
Ĉu estas ĝardeno antaŭ via domo?
Ĉu la homoj laboras? Ĉu la bestoj laboras?
Ĉu la homoj estas inteligentaj?

Ĝis revido

Vocabulario

AŬTOMOBILO	AUTOMOVIL	**ALTA**	ALTO
BILDO	FIGURA, IMAGEN	**BLUA**	AZUL
		DELIKATA	DELICADO
ĈAPELO	SOMBRERO	**FELIĈA**	FELIZ
ĈIELO	CIELO	**GRANDA**	GRANDE
		LARĜA	ANCHO
		LONGA	LARGO
DOMO	CASA		
FONTOPLUMO	PLUMA FUENTE	**BRILI**	BRILLAR
		FLUGI	VOLAR
		KURI	CORRER
		SKRIBI	ESCRIBIR
FENESTRO	VENTANA	**PENDI**	PENDER, ESTAR COLGADO
HOMO	HOMBRE (ser humano)		
		TRI	TRES
HUNDO	PERRO	**POST**	DESPUÉS DE, DETRÁS DE
LAMPO	LÁMPARA		
MURO	MURO	**ANTAŬ**	ANTE, DELANTE DE
PANTALONO	PANTALÓN		
		APUD	JUNTO A, AL LADO DE
		SUB	BAJO, DEBAJO
PORDO	PUERTA		
POŜO	BOLSILLO	**INTER**	ENTRE
VIRO	HOMBRE (varón)	**DE**	DE
VOJO	CAMINO, VÍA	**ĜIS REVIDO**	HASTA LA VISTA

La instruisto parolas

MIA. Los adjetivos posesivos se forman añadiendo la terminación **a** a los pronombres personales: *mia* - mi, mio, mia; *via* - tu, su (de usted), vuestro, vuestra; *lia* - su (de él); *ŝia* - su (de ella); *ĝia* - su (posesor neutro): *nia* - nuestro, nuestra; *ilia* - su (de ellos, de ellas). Como se ve, los posesivos en Esperanto son mucho más precisos que en castellano. Su libro puede significar: el libro de usted, de él, de ella... El adjetivo posesivo se comporta como cualquier adjetivo, *mia libro, miaj libroj*.

ĈIELO no debe acentuarse como "cielo". Observe que *ĉielo* tiene tres vocales, esto es, tres sílabas (ĉi-e-lo) y por lo tanto debe acentuarse sobre la e. Lo mismo ocurre con *mielo* -miel, y otras.

AŬTOMOBILO va con b labial porque esta palabra internacional ha sido sacada del francés y no del castellano.

PANTALONO va en singular. No tiene sentido poner el nombre de esta prenda en plural por el hecho de tener dos piernas, pues del mismo modo debiéramos decir "camisas", etcétera por tener dos mangas.

HOMO es el ser humano, el hombre. Por lo tanto este nombre carece de femenino. *Homa laboro* - trabajo humano. *Vira laboro* - trabajo de hombre, de varón. *Virina laboro* - trabajo femenino.

4-A LECIONO

–Fraŭlino, ĉu vi dormas en la ĝardeno?

–Ne, sinjoro, mi ne dormas en la ĝardeno, sed en ĉambro. En dormoĉambro. Ĉambro por dormi estas dormoĉambro.

–Ĉu vi manĝas en dormoĉambro?

–Ne, sinjoro, sed en la manĝoĉambro.

KIE vi dormas? Kie estas la litoj? Kie la birdoj dormas? Kie ni estas?

Tablo por skribi estas skribotablo.

Vi manĝas sur manĝotablo kaj laboras sur labortablo.

Sur la **maro** iras **multaj ŝipoj: velŝipoj, vaporŝipoj, motorŝipoj, militŝipoj.**

Tie laboras fortaj **maristoj**.

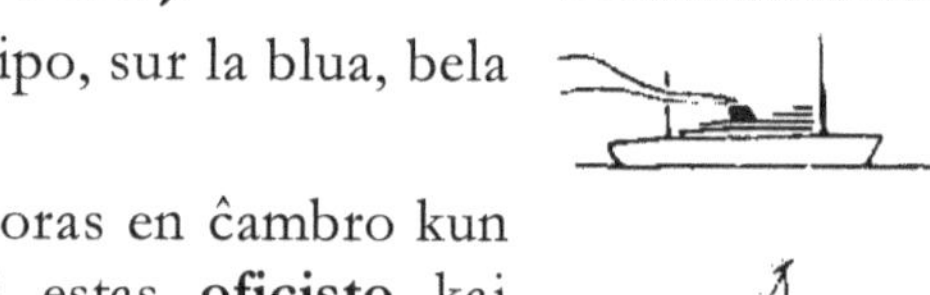

–Ĉu vi laboras sur ŝipo, sur la blua, bela maro?

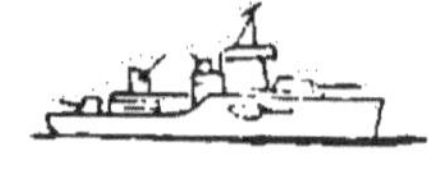

–Ne, sinjoro, mi laboras en ĉambro kun multaj paperoj. Mi estas **oficisto** kaj laboras en **oficejo**. Mi skribas **per skribmaŝino.**

–Ĉu vi skribas per **elektra** maŝino?

–Ne, mi skribas per simpla krajono, sed en mia **hejmo** mi **lavas** per elektra lavmaŝino. Mi lavas per **varma akvo**.

En la maro la akvo ne esas varma, ĝi estas malvarma.

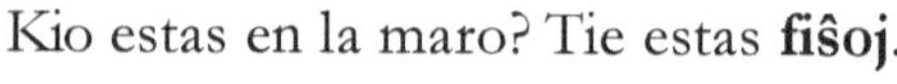

Kio estas en la maro? Tie estas **fiŝoj**.

La fiŝoj estas bestoj, kiuj **vivas** en la maro. Ili ne flugas, sed naĝas.

Kio estas en la taso? En la taso estas varma **kafo**. En la nigra kafo estas blanka, **dolĉa sukero.**

Ankaŭ la **koro** de la fraŭlinoj estas dolĉa kaj varma.

Ĉu la kafo estas en la ĉapelo? Kie estas la kafo?

Ĉu vi **povas** naĝi? Ĉu la fiŝoj **povas** paroli? Ĉu vi povas paroli en Esperanto? Kiu povas paroli? Kie vivas la fiŝoj? Kie vi naĝas? Ĉu la malvarma **kafo** estas malbona?

Kiu, kio, kie, kia, estas **demandaj vortoj**.

Kiu li estas? -Li estas sinjoro Perez.

Kio li estas? -Li estas dentisto.

Kie li estas? -Li estas en la ĝardeno.

Kia estas sinjoro Perez? -Li estas alta, blonda, juna, bonkora.

Kiu vi estas? Kie vi estas?

Kio vi estas? Kia vi estas?

VOCABULARIO

AKVO	AGUA	**BRUNA**	MORENO, MARRÓN
ĈOKOLADO	CHOCOLATE		
FIŜO	PEZ	**DOLĈA**	DULCE
HEJMO	HOGAR	**ELEKTRA**	ELÉCTRICO
KAFO	CAFÉ	**MULTAJ**	MUCHOS
KORO	CORAZÓN	**SIMPLA**	SIMPLE
KRAJONO	LAPIZ	**VARMA**	CALIENTE
MARO	MAR		
MAŜINO	MÁQUINA		
MILITO	GUERRA	**LABORI**	TRABAJAR
MOTORO	MOTOR	**LAVI**	LAVAR
OFICEJO	OFICINA	**LERNI**	APRENDER
SUNO	SOL	**MANĜI**	COMER
SUKERO	AZUCAR	**NAĜI**	NADAR
ŜIPO	BARCO	**POVI**	PODER
		VIVI	VIVIR
TASO	TASA		
TEO	TÉ		
VAPORO	VAPOR		
VELO	VELA (DE BARCO)	**KIE**	DONDE
		TIE	ALLÍ, ALLÁ
BLONDA	RUBIO		

PALABRAS COMPUESTAS. Al formar palabras compuestas la raíz principal va detrás, y la raíz que hace el calificativo se coloca delante: *lavmaŝino* - máquina de lavar; *vaporŝipo* - barco (idea principal) a vapor (califica la idea de barco).

DORMĈAMBRO es una palabra difícil de pronunciar. En casos como éste agregamos una vocal -en este caso o-, a la primera raíz: **dormoĉambro, skribtablo=skribotablo**, etcétera.

> **Dormoĉambro** - dormitorio.
> **Manĝoĉambro** - comedor.
> **Laborĉambro** - habitación de trabajo.
> **Skribotablo** - (mesa) escritorio.
> **Velŝipo** - barco de vela.
> **Lernolibro** - libro de enseñanza.

Esas palabras compuestas son sustantivos, pero también pueden formarse adjetivos, verbos, etcétera.

> **Bonkora** - bondadoso (de buen corazón).
> **Marblua** - azul marino.
> **Ĉielblua** - azul celeste.
> **Maŝinlavi** - lavar a máquina.
> **Marbluo** - sería el nombre de este color (el azul marino).

-IST es un prefijo que indica oficio, profesión: *dentisto* - dentista; *maristo* - marin(er)o; *laboristo* - trabajador, obrero; *instruisto* - maestro; *instruistino* - maestra.

SED - pero, sino (conjunción adversativa*): la domo estas nova, sed ĝi ne estas moderna* - la casa es nueva, pero no es moderna. *Mi ne dormas en la ĝardeno, sed en dormoĉambro* - yo no duermo en el jardín, sino en un dormitorio.

PER - por medio de, con. *Mi skribas per krajono* - yo escribo con (por medio de) un lápiz. Pero recuerde*: Mi parolas kun Petro* - yo hablo con Pedro, *Karlo iras kun Maria* - Carlos va con (en compañía de) María.

POR - para. *Tablo por skribi* - mesa para escribir; *tio estas por li* - eso es para él.

5-A LECIONO

Sur la ĉielo brilas la **steloj** kaj la **luno**.

En la bela ĝardeno, inter la grandaj, malnovaj arboj kaj **lago promenas** Petro kaj Maria.

Petro estas juna kaj forta. Maria estas juna kaj bela.

Maria sidas sur **benko**.

Petro ne sidas; li staras kaj **rigardas**. Lia koro estas varma.

Petro rigardas ==> Marian.

(Ankaŭ la luno rigardas inter la arboj)

La koro de Petro estas birdo; ĝi flugas.

Petro amas. Petro amas Marian.

Petro ankaŭ sidas sur la ben-
ko, apud Maria.

Ili ne parolas.

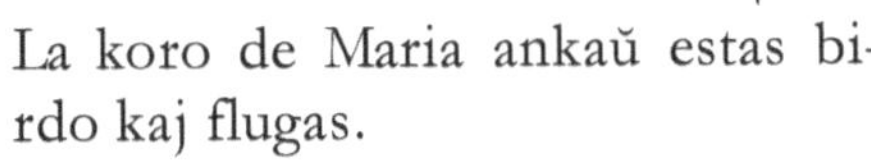

La koro de Maria ankaŭ estas bi-
rdo kaj flugas.

Ankaŭ Maria amas Petron!

Nun Petro parolas. Li diras tre
belan **frazon**:

"Mi amas vin!"

"Ĉu vi amas min, Maria?"

La fraŭlino **respondas**: "Jes, mi amas
vin!"

Ili estas feliĉaj, tre feliĉaj, iliaj koroj
dancas kaj kantas.

Li **kisas** ŝin kaj ŝi kisas lin. La luno kaj
la steloj ankaŭ dancas.

Kiun rigardas Petro? -Maria**n**.

Kiun amas Petro? -Marian.

Kiun Petro kisas? -Marian.

Kiun Maria amas? -Petron.

Kiun Maria kisas? -Petron.

Kiu amas Marian? -Petro.

Kiu amas Petron? -Maria.

Petro kisas la katon? Ĉu Maria kisas vin? Kiu promenas kun Maria? Kie ili promenas? Ĉu tie estas arboj kaj benko? Kio brilas sur la ĉielo?

La sinjorino **trinkas vinon**.
En la **botelo** estas vino.
Kion trinkas la sinjorino?
Kio estas en la botelo?
La sinjoro manĝas pomon.
Sur la tablo estas pomo.
Kion manĝas la sinjoro?
Kio estas sur la tablo?

La **patrino ordonas**: Manĝu la supon!

La infano ne **ŝatas** la supon.

Kiu ordonas? Kion ŝi diras? Ĉu vi ŝatas supon? Ĉu vi ŝatas la malvarman kafon?

La instruisto ordonas: legu la lecionon!

La patrino **donas** supon al infano.

Kiu donas supon? Kion donas la patrino? Al kiu ŝi donas supon?

La maljuna sinjoro amas la blondan fraŭlinon, sed la blonda fraŭlino ne amas la maljunan sinjoron...

Kiun li amas? Kiun ŝi ne amas?

Ĉu katoj kaj hundoj estas bonaj amikoj?

Sed mi kaj vi estas esperantistoj: ni estas bonaj amikoj.

Donu al mi vian manon!

BENKO	BANCO (asiento)	**AMI**	AMAR
BOTELO	BOTELLA	**DANCI**	DANZAR
FRAZO	FRASE	**DIRI**	DECIR
LAGO	LAGO	**DONI**	DAR
LECIONO	LECCIÓN	**FARI**	HACER
LUNO	LUNA	**KISI**	BESAR
PATRO	PADRE	**LEGI**	LEER
STELO	ESTRELLA	**ORDONI**	ORDENAR, MANDAR
SUPO	SOPA	**PROMENI**	PASEAR
VINO	VINO	**RESPONDI**	RESPONDER
		RIGARDI	MIRAR
		ŜATI	GUSTAR DE
NUN	AHORA	**TRINKI**	BEBER
TRE	MUY		

LA INSTRUISTO PAROLAS

PETRO AMAS... Si en castellano dijésemos: Pedro ama María, no sabríamos quién ama a quién. Pero como es muy importante saber diferenciar el que ejecuta una acción (sujeto del verbo) de quien la sufre (complemento directo), todas las lenguas se valen de algún artificio para lograrlo.

En castellano señalamos el caso acusativo en los sustantivos por medio de la preposición a.

Pedro ama a María, a María ama Pedro.

Pero tratándose de pronombres personales el método varía; usamos aquí pronombres con otras formas.

Él la ama, ella lo ama.

Es decir, que para señalar al actor de la acción (sujeto) usamos las formas: yo, tú, él, ella, nosotros, vosotros, ellos, ellas, y para indicar al que sufre la acción expresada por el verbo (complemento directo) usamos: me, te, lo, la, nos, os, los, las.

En esperanto una sola forma indica el complemento directo en nombres y pronombres: la terminación **n**.

Li amas ŝin.

Petro amas Marian.

En castellano puedo decir tú me amas (sujeto - complemento - verbo), pero no tú amas me En Esperanto gracias a esta feliz terminación n el orden es libre, simplificando grandemente la sintaxis (ordenación de las palabras).

Vi amas min, vi min amas, min vi amas, amas vi min, amas min vi, etcétera. Y el significado será siempre el mismo, aunque la forma más corriente sea *vi amas min*.

Los adjetivos concuerdan en caso con los sustantivos: *Mi manĝas du ruĝajn pomojn. Mi manĝas ruĝan pomon.* Pronuncie ojn como "oin" en boina, conservando el acento en la sílaba anterior: pómojn.

Para el caso de que Ud. nunca haya estudiado una lengua extranjera, vamos a recordarle una simple fórmula para saber si el verbo de una oración exige o no el caso acusativo.

1- Busque el verbo de la oración.

2- Busque la persona o cosa que ejecuta la acción que el verbo expresa, y tendrá el sujeto.

3- Busque la persona o cosa directamente afectada por esa acción y tendrá el complemento directo.

O de otro modo, si tomamos la oración:

El perro muerde al gato.

Y, hallado el verbo (muerde) preguntamos: ¿Quién es el que (muerde)? Tendremos el sujeto (el perro). Y luego ¿Qué es lo que muerde (el perro)?, la respuestas nos dará el complemento directo (el gato). Se dice también que "perro" está en caso nominativo y "gato" en caso acusativo, que son los dos únicos casos que existen en Esperanto.

KIUN, KION. Los pronombres interrogativos kiu, kio, cuando reemplazan a un nombre en acusativo toman la n final.

Kiu estas en la ĉambro? - ¿Quién está en la habitación?

Kiun vi vidas en la ĉambro? - ¿A quién ve Ud. en la habitación?

Kiujn vi vidas? - ¿A quiénes ve Ud.? Al pronunciar kiujn, recuerde que el acento permanece sobre la anteúltima vocal: kí-ujn.

Kio estas sur la tablo? - ¿Qué hay sobre la mesa?

Kion vi vidas sur la tablo? - ¿Qué ve Ud. sobre la mesa?

ŜATI. Note que ŝati es verbo transitivo, como apreciar; *mi ŝatas Petron* - yo aprecio a Pedro. *Malŝati* es despreciar, sentir disgusto: *mi malŝatas tiun homon* - yo desprecio a ese hombre; *mi malŝatas la tabakon* - me disgusta el tabaco.

AL es una preposición que traduce a a, hacia. Se la usa para señalar el complemento directo: *Petro donas floron al Maria*. Sujeto verbo comp. directo prep. comp. indirect. No confunda la preposición al del Esperanto, con la contracción castellana al (=a él), que se traduce al la. *Li iras al la maro* - él va al mar. *Li iras al la montoj* - él va a las montañas.

-U. La terminación -u forma el modo imperativo-volitivo. *LEGU!* - Lee! *Estu gaja; kantu kaj dancu!* - Sé alegre; canta y baila! *Lernu vian lecionon!*

6-A Leciono

–Kiu tago estas **hodiaŭ**?
–Hodiaŭ estas **sabato**.
–Kiu tago estis **hieraŭ**?
–Hieraŭ estis **vendredo**.
–Ĉu vi estas infano?
–Ne, mi ne estas infano, mi estas infano.

Hieraŭ mi estis en la razejo. Tie laboras la razisto.

Li razis mian **barbon** per **razilo** kaj **tondis** mian **harojn** per **tondilo**. Li ankaŭ **kombis** men per **kombilo**.

Kie mi estis hieraŭ?
Ĉu vi ankaŭ vizitis hieraŭ la raziston?
Per kio laboras razisto?
Kion li faras?
Ĉu vi legis hodiaŭ la ĵurnalon?
Kion vi faris hieraŭ?

Apud la razejo estas la panejo. Tie laboras la panisto. Li **vendas** panon kaj **kukojn**.
Ĉu vi ŝatas kukojn? Ĉu la razisto vendas panon? Kiu vendas panon? Kie oni vendas panon?
Ĉu la klientoj vendas panon? –Ne, ili **aĉetas** panon.
Ĉu vi aĉetas panon? Ĉu vi aĉetis aŭtomobilon?
–Ne, mi tranĉas ĝin per **tranĉilo**, kaj per **segilo** mi segas **lignon**.
Ĉu vi povas segi lignon per kombilo?
Mi sentas apetiton. Me deziras manĝi panon, sed a pano estas granda, mi ne povas manĝi ĝin, mi devas ĝin **tranĉi**.
Ĉu vi povas segi lignon per kombilo?

Hodiaŭ estas sabato kaj **morgaŭ** estos **dimanĉo**. Morgaŭ mi vizitos la Esperanto-**Klubon**. Tie mi **trovos** amikojn kaj parolos kun ili. Mi ankaŭ rigardos la internaciajn **revuojn**.

Ĉu vi venos kun mi morgaŭ?

Kiujn mi trovos tie?

Kionmi faros?

Kion mi rigardos?

Hidiaŭ estas sabato, hieraŭ estis vendredo, antauhieraŭ estis **ĵaudo**.

Kiu tago estis antaŭhieraŭ?

Morgaŭ estos dimanĉo kaj postmorgaŭ estos **lundo**.

Ĉu vi laboros morgaŭ?

Ĉu dimanĉo estas bela tago?

Kion vi faros postmorgaŭ? Ĉu vi vizitos vian amikon? Ĉu via amiko vizitos vin?

Petro diras al Maria: Mi amis, amas kaj amos vin!

Mi kalkulas la fingrojn de mi mano:
unu, du, tri, kvar, kvin.
Kalkulu la fingrojn de via dekstra mano.
Ĉu ankaŭ via maldekstra mano havas kvin fingrojn?
Kion tenas la razisto en la dekstra mano? Kion li tenas en la maldekstra?
Ĉu la razisto havas kvin harojn sur la kapo?

Antaŭ la **parko** estas la nova lernejo. Tie la infanoj lernas legi, skribi kaj kalkuli. Ili ankaŭ lernas Geografion kaj Historion.

En moderna segejo la laboristoj segas lignon per elektraj segi-
loj.
Ĉu vi ŝatas danci en dancejo?
Ĉu vi estas perfekta esperantisto?
Ni, mi ne estas, sed mi estos perfekta esperantisto.

VOCABULARIO

APETITO	APETITO	**AĈETI**	COMPRAR
BARBO	BARBA	**DEZIRI**	DESEAR
FINGRO	DEDO	**KALKULI**	CALCULAR,
HARO	CABELLO,		CONTAR
	PELO	**KOMBI**	PEINAR
ĴURNALO	PERIODICO	**RAZI**	AFEITAR,
KUKO	PASTEL,		RASURAR
	TORTA	**SEGI**	ASERRAR
KLIENTO	CLIENTE	**SENTI**	SENTIR
KLUBO	CLUB	**TONDI**	CORTAR CON
LIGNO	MADERA,		TIJERA
	LEÑA	**TRANĈI**	CORTAR
MANO	MANO	**TROVI**	ENCONTRAR
PANO	PAN	**VENDI**	VENDER
PARKO	PARQUE	**VIZITI**	VIZITAR
PORKO	CERDO,		
	PUERCO		
RAZEJO	PELUQUERÍA		
REVUO	REVISTA		
TAGO	DÍA		
DEKSTRA	DERECHA		

LA TAGOJ DE LA SEMAJNO

LUNDO	LUNES	**HODIAŬ**	HOY
MARDO	MARTES	**HIERAŬ**	AYER
MERKREDO	MIERCOLES	**MORGAŬ**	MAÑANA
ĴAUDO	JUEVES		
VENDREDO	VIERNES		
SABATO	SÁBADO	**KVAR**	CUATRO
DIMANĈO	DOMINGO	**KVIN**	CINCO

-EJ es un sufijo que indica lugar dedicado a lago: *lerni* - aprender, *lernejo* - escuela; *laborejo* - lugar de trabajo, taller; *lavejo* - lavadero; *kafejo* - un café; *pordo* - puerta, *pordisto* - portero, *pordistejo* - portería.

-IL, sufijo que indica instrumento, aparato, utensilio (recuerde utens-ilio): *tranĉi* - cortar, *tranĉilo* - cuchillo; *kombi* - peinar, *kombilo* - peine.

-IS, **-OS**, son las terminaciones del pasado y futuro respectivamente de todos los verbos.

Mi faris, yo hice - *mi faros*, yo haré.

Vi faris, tú hiciste - *vi faros*, tú harás.

Ni faris, nosotros hicimos - *ni faros*, nosotros haremos.

Unu, du, tri, kvar, kvin. La combinación kv -*kvar, kvin*, es la versión eslava de la forma latina "qv".

VERBOS TRANSITIVOS E INTRANSITIVOS. Si aplicando el método visto en la lección anterior analizamos la frase "Juan duerme en la cama", y preguntamos: ¿Quién duerme?, obtendremos el sujeto: "Juan". Pero si continuamos aplicando nuestro método y preguntamos: "qué es lo que Juan duerme" no hallaremos contestación lógica, y es que la acción de dormir no pasa de Juan; él mismo es el principio y fin de la acción expresada en el verbo. Se dice entonces que estos verbos son intransitivos, y no irán seguidos de complemento directo.

Son también verbos intransitivos - o neutros - *esti, morti, vivi, ekzisti, resti* - ser, estar, morir, vivir, existir, permanecer, y otros que denotan estado o actividad que no sale del sujeto.

7-a Leciono

Kiel vi **fartas**, amiko?
Mi fartas bone, **dankon**, kaj vi?
Mi estas sana, sed mia frato ne fartas bone, li havas gripon.
Ĉu li estas **grave** malsana?
Ne, sinjoro, lia malsano ne estas grava.

Jen du **veturiloj**: unu moderna kaj **alia** malmoderna; **aeroplano** kaj **ĉaro**.

Kia estas la aeroplano?
Moderna, **rapida, komforta**.
Kia estas la ĉaro?

Kio **movas** la aeroplanon? La motoroj.
Kio movas la ĉaron? La bovoj.
Kiel flugas la aeroplano. Rapide, tre rapide.
Kiel iras la bovĉaro?

Ĉu la modernaj homoj veturas per bovĉaro?
Ĉu vi veturas per aeroplano?

Kiel kantas la kanario? -Bele.
Kiel vi kantas? Kiel vi lernas?

La bela birdo flugas rapide.
Kia estas la birdo? Kiel ĝi flugas?

La rapida birdo flugas bele?
Kia estas la birdo? Kiel ĝi flugas?

Petro diras al Maria: "Vi estas bela kiel floro. Viaj kisoj estas dolĉaj kiel mielo. Sed via patro estas forta kiel bovo".

Kie loĝas Karlo?
Li loĝas **proksime** de la parko.

Ĉu vi **ofte** vizitas lin?

Jes, mi vizitis lin antaŭhieraŭ, hieraŭ kaj ankaŭ mi vizitos lin morgaŭ... Mi vizitas lin **ĉiutage**.

Ĉu vi aĉetas ĉiutage ĵurnalon?
Ĉu vi razas vin ĉiutage? Ĉu vi lavas vin ĉiutage?
Mi havas lernolibron, vi ankaŭ havas lernolibron, kaj li, kaj ŝi ankaŭ havas lernolibron. **Ĉiu** lernanto havas unu lernolibron; sur ĉiu seĝo sidas unu lernanto.

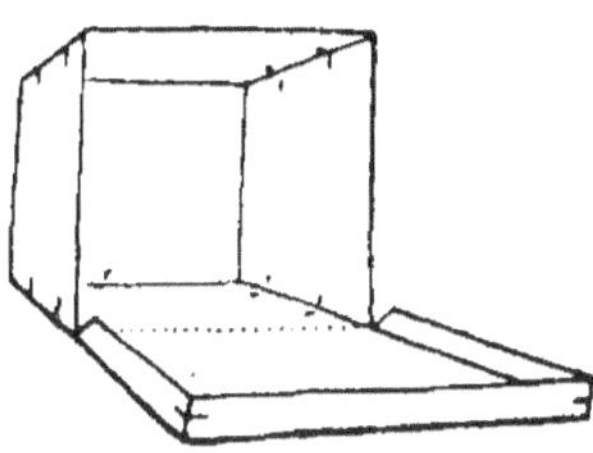

Jen estas seĝo.
-Ĉu **iu** sidas en tiu seĝo?
-Ne, sinjoro, **neniu** sidas sur tiu seĝo.
Ĉu iu lernanto staras? Ne, ĉiuj lernantoj sidas.
Ĉu iu ne komprenas? Ne, sinjoro, ni ĉiuj komprenas.

Jen **skatolo**.
-Ĉu la skatolo estas **plena**?
-Ĉu estas io en la skatolo?
-Ne, la skatolo estas malplena; en la skatolo estas **nenio**.

-Kie estas la libroj, **kajeroj** kaj plumoj?
-**Ĉio** estas sur la tablo.
En la hejmo Maria faras **ĉion**, sed Ana faras nenion.

Dialogo kun infano.
-Kion vi faras, Roberto.
-Nenion.
Kaj vi, Karlo?
Mi **helpas** Roberton.

–Ĉu vi bone kalkulas? Ĉu vi povas kalkuli la fingrojn de viaj du manoj?

–Jes, mi povas kalkuli: unu, du, tri, kvar, kvin...

–Mi helpos vin: ses, sep, ok, naŭ, dek.

–Tre bone. En la du manoj estas dek fingroj.

–Kiel respondas la bona lernanto?

La bona lernanto respondas forte, kuraĝe kaj elegante.

VOCABULARIO

BOVO	BUEY	**OFTE**	FRECUENTEMENTE
ĈARO	CARRO		
GRIPO	GRIPE	**KIEL**	CÓMO, DE QUÉ MODO
KAJERO	CUADERNO	**IO**	ALGO, ALGUNA COSA
MIELO	MIEL	**IU**	ALGUIÉN, ALGUNO-A
SKATOLO	CAJA	**ĈIO**	TODO
GRAVA	IMPORTANTE, GRAVE	**ĈIU**	CADA (UNO-A)
KURAĜA	VALIENTE	**NENIO**	NADA
KOMFORTA	CONFORTABLE	**NENIU**	NADIE, NINGUNO-A
LASTA	ÚLTIMO	**JEN**	HE AQUÍ
PLENA	LLENO, COMPLETO	**ALIA**	OTRO, OTRA
PROKSIMA	PRÓXIMO	**UNU**	1 UNO
RAPIDA	RÁPIDO	**DU**	2 DOS
FARTI	ESTAR DE SALUD	**TRI**	3 TRES
HAVI	TENER, POSEER	**KVAR**	4 CUATRO
HELPI	AYUDAR	**KVIN**	5 CINCO
LOĜI	HABITAR	**SES**	6 SEIS
MOVI	MOVER	**SEP**	7 SIETE
VETIRI	VIAJAR, IR EN VEHÍCULO	**OK**	8 OCHO
		NAŬ	9 NUEVE
		DEK	10 DIEZ

ADVERBIO. Antes de ir a escuchar a un cantante, deberíamos saber como canta ese cantante. La palabra que habrá de decidirnos es un adverbio: bien, mal, regular. En Esperanto el adverbio termina en -e, que corresponde al final -ente, en que terminan muchos adverbios castellanos: rapide - rápidamente, facile - fácilmente, etcétera.

La bona sinjorino kantas bele.

La buena señora kanta bellamente.

La bona sinjorino kantas bone.

La buena señora canta bien.

El adverbio consta de una de esas tres preguntas: ¿Cómo? ¿Cuándo? ¿Dónde?, es decir, que hay adverbios de modo (bien), de tiempo (ayer), y de lugar (aquí).

KIEL VI FARTAS? - ¿Cómo se encuentra Ud. de salud? Estas preguntas, como todas las que comiencen por *kiel*, exigen un adverbio como respuesta: *bone, nebone, malbone* - bien, regular, mal.

Hay en Esperanto algunos adverbios simples, no derivados, que no llevan la terminación -e: *hieraŭ, morgaŭ*.

KIO, KIU, KIE, IO, IU. Seguramente habrá Ud. observado que muchas de esas palabritas tan útiles, como kio, kie, ie, io tienen un marcado aire de familia. Y, en efecto, todas estas palabras y algunos miembros más, forman la importante e imprescindible familia de las palabras correlativas. Esta familia, además, se caracteriza por su armonía; obsérvela formando cuadro:

	Indefinidos	Interrogativos y relativos	Demostrativos	Colectivos	Negativos
Individuo	iu	kiu	tiu	ĉiu	neniu
Cosa	io	kio	tio	ĉio	nenio
Lugar	ie	kie	tie	ĉie	nenie
cualidad	ia	kia	tia	ĉia	nenia

De modo que si *iu* significa individuo indefinido, alguien, alguno, *kiu* será quién, cual; *tiu*, esa, ese, aquel, aquella; *ĉiu*, cada, todo, (*ĉiuj*, todos, todas); *neniu*, nadie, ninguno, ninguna. La serie ia la constituyen adjetivos que concuerdan en número y en caso con el sustantivo:

MI MANĜAS ĈIAN FRUKTON - Yo como toda clase de frutas. La serie ie son adverbios de lugar, y con -n final, indican dirección.

> *Kie vi estas?* - ¿Dónde está usted?

> *Kien vi iras?* - ¿Adónde va usted?

La serie iu indica individuo o cosa individualizada. Son pronombre y por lo tanto admiten la "j" del plural y la "n" del acusativo.

> *Tiuj, kiujn vi vidas, estas miaj amikoj.*
> Esos, que Ud. ve, son mis amigos.

También son pronombres los de la serie io, cosa, el objeto (como un todo). No llevarán, por consiguiente, la j del plural, pero si podrán llevar la n del acusativo.

> *Tio kion vi bezonas estas en la skatolo.*

> Lo (eso) que (lo cual) Ud. necesita está en la caja.

VETURILO es un vehículo. *Aeroplano, ŝipo, ĉaro, biciklo estas veturiloj. Mi veturis per aŭtobuso kun mia amiko. Veturilo= ilo por veturi.*

ESTAS NENIO. En castellano se pueden usar dos negaciones con el mismo fin: no hay nada, no vino nadie, no está en ningún lado. Lógicamente una negación debiera anular a la otra. En Esperanto la lógica queda restablecida: en una oración irá sólo una negación: *estas nenio* - no hay nada, *neniu venis* - no vino nadie, *ĝi* (*li, ŝi*, etcétera) *estas nenie* - no está en ningún lado, *mi havas nenion* - no tengo nada.

8-A LECIONO

–Vi **jam scias** kalkuli la fingrojn de viaj du manoj.

–Ĉu vi povas **nun** kalkuli lafingrojn de la du manoj kaj de la du **piedoj**?
–**Mi ne scias**... Ĉu vi povas helpi min?

–Jes, amiko: dek unu, dek du, dek tri, dek kvar, dek kvin, dek ses, dek sep, dek ok, dek naŭ, dudek.

–**Kiom da** fingroj vi havas?
–Mi havas dudek fingrojn.

–Kiom da lernantoj estas en la klaso?
–En la klaso estas dudek unu (21) lernantoj.

22 dudek du	80 okdek
23 dudek tri	90 naŭdek
29 dudek naŭ	100 cent
30 tridek	101 cent unu
40 kvardek	199 cent naŭdek naŭ
50 kvindek	200 ducent
60 sesdek	1.000 mil
70 sepdek	1.000.000 miliono

Kaj nun ĉu vi povas kalkuli de unu ĝis miliono?
Ni vivas en la jaro mil naŭcent naŭdek naŭ 1999.

Kiom da haroj vi havas sur la kapo?
Ĉu vi povas kalkuli ilin?
Kiom da pordoj, fenestroj, muroj estas en la ĉambro?

Ĉu vi povas lerni Esperanton en unu tago?

Sep tagoj faras unu semajnon.
En unu monato estas kvar semajnoj.
Dek du monatoj faras unu jaron.

En la jaro estas tricent sesdek kvin (365) tagoj.

Ĉu vi parolos en Esperanto post tri monatoj? Ĉu vi parolis Esperanton antaŭ du monatoj?

Lundo estas la unua (1-a) tago de la semajno; mardo estas la dua (2-a), merkredo estas a tria (3-a), ĵaŭdo estas la kvara (4-a), vendredo estas la kvina (5-a), sabato estas la sesa (6-a), kaj dimanĉo estas la **lasta** tago de la semajno.

Ni lernas la okan (8-an) lecionon.

Kiom da tagoj estas en unu semajno, en unu monato, en unu jaro?

Kiom da horoj estas en unu tago? Kiom da monatoj estas en unu jaro?

—Kiom da dentoj vi havas en la buŝo?

—Mi ne havas dentojn en la buŝo.

Kie estas viaj dentoj?

—**Ĉe** la dentisto.

ĈU VI **KONAS** MIN? Mi estas tre grava aparato. Mi estas la **mastro** de la moderna homo.

Mi ordonas: laboru, manĝu, iru, venu, dormu, kaj la homo **obeas**. Mi estas la **horoĝo**. Ĉiuj rigardas min. Ĉiuj **aŭskultas** min. Tre ofte en la tago **oni aŭdas** la demandon:

KIOMA HORO ESTAS?

Estas la deka horo Estas la deka horo kaj dek kvin minutoj.			Estas la deka kaj tridek. Estas la deka kaj kvardek kvin. Estas dek kvin antaŭ la dek unua.

Ĉu vi havas horloĝon? Ĉu vi ofte rigardas ĝin? Kioma horo estas en via horloĝo?

La horloĝo havas **montrilon** (**ilojn** por **montri** la horon). Esas unun longa montrilo por montri la minutojn, kaj unu mallonga por montri la horojn.

Kelkaj horloĝoj havas ankaŭ montrilon por montri la sekundojn.

Estas diversaj horloĝoj. Poŝhorloĝo estas horloĝo por la poŝo. Murhorloĝo estas horloĝo, kiu pendas sur al muro. Ĉe la **brako** oni **portas** brakhorloĝon.

La koro de la horloĝo batas: tik, tak, tik, tak... la **tempo** flugas. Kaj miaj amikoj demandas:

KIOM AĜA VI ESTAS?

Mi estas tre juna; mi estas unujara.

Mi trinkas nur la patrinan **lakton**.

Mi estas grandaĝa (multjara) homo, mi estas naŭdekjara.

Mi trinkas nur bovinan lakton.

Kiom aĝa vi estas? Kiom aĝa estas via patro? Kiom aĝa estas la elefanto de la zoologia parko? Ĉu vi ofte respondas "mi ne scias"?

Jen bona konsilo:

Kalkulu en Esperanto. Kalkulu la domojn, la pordojn, la fenestrojn, la arbojn, la librojn. Praktiko kaj ripetado, jen la sekreto.

AĜO	EDAD	**BATI**	BATIR, GOLPEAR
APARATO	APARATO	**DEMANDI**	PREGUNTAR
BRAKO	BRAZO	**KONI**	CONOCER
BUŜO	BOCA	**MONTRI**	MOSTRAR
DENTO	DIENTE	**OBEI**	OBEDECER
HORLOĜO	RELOJ	**PORTI**	LLEVAR
HORO	HORA	**SCII**	SABER
JARO	AÑO	**VENI**	VENIR
KAPO	CABEZA	**KIOM**	CUANTO
KLASO	CLASE	**NUR**	SOLAMENTE
LAKTO	LECHE	**JAM**	YA
MASTRO	AMO, PATRÓN	**DEK UNU**	11 ONCE
MINUTO	MINUTO	**DEK DU**	12 DOCE
MURO	MURO	**DEK TRI**	13 TRECE
MONATO	MES	**DEK KVAR**	14 CATORCE
PIEDO	PIE	**DEK KVIN**	15 QUINCE
SEKUNDO	SEGUNDO	**DEK SES**	16 DIECISÉIS
SEMAJNO	SEMANA	**DEK SEP**	17 DIECISIETE
TEMPO	TIEMPO	**DEK OK**	18 DIECIOCHO
DIVERSA	DIVERSO	**DEK NAŬ**	19 DIECINUEVE
AŬDI	OIR	**DUDEK**	20 VEINTE
AŬSKULTI	ESCUCHAR	**DUDEK UNU**	21 VEINTIUNO

LA INSTRUISTO PAROLAS

DA traduce a *de* después de una expresión de cantidad o medida: *kilogramo da pano* - un kilo de pan, 10 litroj da vino - 10 litros de vino. *Li trinkas tason da kafo* (él no bebe la tasa misma, sino la cantidad de café contenida en la tasa).

$$\textit{Dudek du} = 10 + 2 = 12$$

$$\textit{Dudek} = 2 \times 10 = 20$$

$$\textit{Dudek du} = 2 \times 10 + 2 = 22$$

Cuando los números se suman, se escriben separados; cuando éstos ser multiplican, se escriben juntos.

ĈE - en ese lugar, en lo de, en casa de, cabe: *Hieraŭ mi manĝis ĉe Petro, sidi ĉe tablo* - sentarse a la mesa, *ĉeesti* - asistir, estar presente, *mi ĉeestis la batalon* - yo asistí a la batalla.

ONI es el pronombre indefinido se, uno: *oni ofte aŭdas la demandon...* - a menudo se oye la pregunta... *oni diras* - se dice, *oni ne scias kion fari* - uno no sabe qué hacer.

KIOM AĜA VI ESTAS? - ¿Qué edad tiene usted? (literalmente, ¿de cuanta edad es usted?) También se suele preguntar *Kiom jara vi estas?* - ¿Cuántos años tiene usted? (¿de cuántos años es usted?) *Mi estas dudek-ses-jara* - tengo veintiséis años (soy de veintiséis años). Porque los años es difícil tenerlos y detenerlos.

MI NE SCIAS. Si tiene dificultad para pronunciar la sc, trate de acostumbrarse uniendo la s a la vocal anterior: *mi nes-cias.*

KIOMA HORO ESTAS? Para preguntar la hora añadimos al terminación a del adjetivo a *kiom* — "cuánta" hora es? - *Estas la tria horo kaj dek minutoj* - son las tres horas (es la tercera hora) y diez minutos. En el lenguaje corriente, suele suprimirse, como en castellano, *horo* y *minuto*: *estas la tria kaj dek.*

ADJETIVOS ORDINALES son los que expresan el orden en que están colocadas las cosas; primero, segundo, etcétera, que se forman agregando la terminación **a** a los numerales simples, y los usamos siempre al referirnos a cosas que siguen en orden: las horas del día, los días del mes, las páginas del libro, etcétera: *la 1-a de majo* - el 1° de mayo, *la dua (2-a) paĝo* - la segunda página, *la dudek-sepa paĝo...* Aquí en castellano abandonamos el uso lógico del ordinal y decimos "la página veintisiete", en lugar de la "página vigésima séptima", por resultar pesado el uso de los ordinales en castellano.

9-ᴀ Lᴇᴄɪᴏɴᴏ

Rigardu la belan **torton**! Ĝin faris Maria el **faruno**, **ovoj**, sukero, **butero**, k.t.p. En la **mezo** estas ruĝa ĉerizo.
Ĉu vi ŝatas torton kun kremo kaj ĉokolado? Ĝi havas belan aspekton, **ĉu ne?**

Ĉu vi povas **manĝi** tutan torton?
Ne, sinjoro, mi povas manĝi **nur pecon**; unu **kvaronon** (1/4) de la torto.

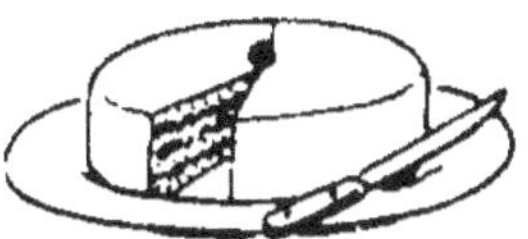

Ĉu vi, fraŭlino, deziras manĝi alian kvaronon? **Ĉu jes?**

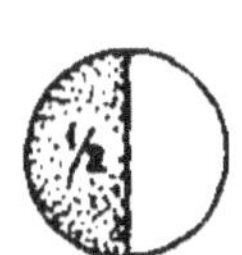 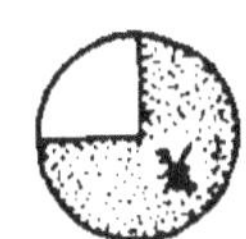

Mi, la instruisto, ankaŭ manĝos pecon, kaj la lastan kvaronon ni **lasos** por Petro, kiu **ankoraŭ** ne venis al al klaso.

Do, ni povas ankaŭ diri: La deka (horo) kaj kvarono (da horo), la deka kaj duono, la deka kaj tri kvaronoj aŭ kvarono antaŭ la dek-unua.

Karlo estas 20-jara. Roberto estas 40-jara. Do, la aĝo de Karlo estas la duono de la aĝo de Roberto.
La aĝo de Roberto estas la duoblo de la aĝo de Karlo. 40 estas la duoblo de 20.

Kiom estas la duoblo de 6, de 5, de 10?

Vi estas bona knabo, mi donos al vi duoblan **porcion** da kuko. Mi donos al vi parton duoble grandan.

9 estas la trioblo de 3. 100 estas la dekoblo de 10.

Kiom estas la dekono de 100?

Unu centavo estas la centono de unu peso.

Jen tri utilaj kaj simpatiaj bestoj.

—Ĉu via hundo dormas sub via lito?

—Jes, **kelkfoje** ĝi dormas tie.

—Ĉu bovo povas dormi sub via lito?

—Ne, la bovo estas tro granda; la bovo estas pli granda ol la hundo.

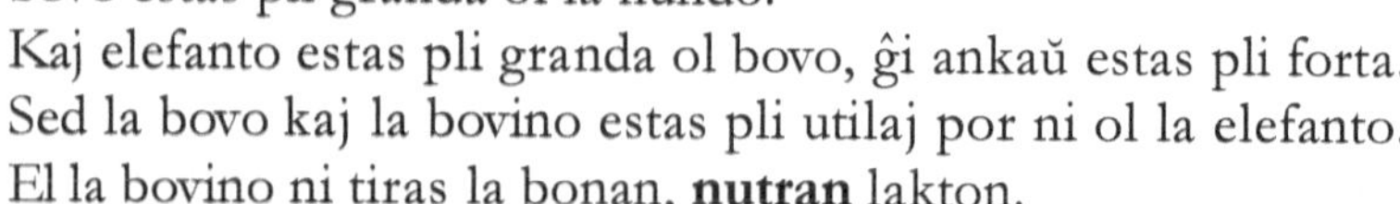

Kaj elefanto estas pli granda ol bovo, ĝi ankaŭ estas pli forta. Sed la bovo kaj la bovino estas pli utilaj por ni ol la elefanto. El la bovino ni tiras la bonan, **nutran** lakton.

El la tri bestoj, kiujn ni vidas sur la bildo, la elefanto estas la **plej** granda. Sed la plej granda el ĉiuj bestoj estas la baleno.

Kanario kantas pli bele ol kokino, sed la ovoj de la kokino estas pli grandaj ol tiuj (la ovoj) de la kanario.

Petro diras: La plej bela knabino de la mondo estas Maria. Ŝi ankaŭ estas la plej bonkora kaj ŝi faras la plej bongustajn tortojn kun ĉerizo en la mezo.

Ĉu vi estas la plej bona lernanto de la klaso?

Kiu estas la plej alta monto en la mondo?

Kiu estas la plej granda rivero en Ameriko?

Kiu laboras pli, vi aŭ via frato?

Ĉu Esperanto estas pli facila ol latino?

Esperanto estas la plej facila lingvo.

Sinjoro, mi faras al vi malfacilan demandon: Ĉu la viroj estas pli inteligentaj ol la virinoj?

Kion vi **opinias**? Ĉu vi **kuraĝos** diri vian opinion?

—Ĉu vi deziras **iom** da teo kun lakto por trinki kun la torto?

—Jes, sed ne donu al mi **tiom** multe! Mi deziras trinki nur **iomete** da teo.

—Ĉu vi deziras pli da teo ol da lakto?

—Doni al mi duonon kaj duonon: tiom da teo **kiom** da lakto.

Mi parolas Esperanton, ŝatas la pacon kaj la kunlaboron inter la diversaj **popoloj**. Vi ankaŭ parolas la internacian lingvon kaj deziras la pacon. Ni havas la **saman ideon**. Ni estas **samideanoj** (=anoj -membroj- de la sama ideo).

La personoj, kiuj parolas la saman lingvon, estas samlingvanoj. La homoj kiuj loĝas en la sama lando, estas samlandanoj. En Ameriko loĝas la amerikanoj.

Kie loĝas la afrikanoj? Kiuj loĝas en Eŭropo?

Ĉu vi kaj via patro loĝas en la sama domo?

LAKTO POR URBANOJ

Urbano - Kiom da lakto vi ricevas ĉiutage de via bovino?

Kamparano - Dek litrojn.

Urbano - Kaj kion vi faras per la lakto?

Kamparano - Tri litrojn mi bezonas por mia familio kaj dek du litrojn mi vendas en la urbo.

VOCABULARIO

BUTERO	MANTECA, MANTEQUILLA	**KURAĜA**	VALIENTE
ĈERIZO	CEREZA	**NUTRA**	NUTRITIVO
FARUNO	HARINA	**SAMA**	MISMO, IGUAL
IDEO	IDEA	**SIMPATIA**	SIMPÁTICO
KNABO	MUCHACHO	**TUTA**	TOTAL
KREMO	CREMA	**UTILA**	ÚTIL
LANDO	PAÍS	**LASI**	DEJAR
OVO	HUEVO	**OPINII**	OPINAR
MEZO	MEDIO, CENTRO	**RICEVI**	RECIBIR
PACO	PAZ	**ANKORAŬ**	TODAVÍA, AUN
PECO	PEDAZO	**IOM**	ALGO, ALGUNA CANTIDAD
POPOLO	PUEBLO	**TIOM**	TANTO
PORCIO	PORCIÓN	**DUM**	DURANTE
TORTO	TORTA	**AŬ**	O, U

-ON. Este sufijo forma los números partitivos: *duono* - un medio, *okono* - un octavo [*Okono* - octavo (fracción), *oka* - octavo (ordinal)].

MEZO - DUONO no deben confundirse. *Mezo* es el medio, el lugar que señala la mitad: *tagmezo* - medio día (las 12 hs.), mientras que *duontago* es la mitad el día (de 6 a 12 hs.) *Mi laboris dum duontago: de la oka ĝis tagmezo* - Trabajé medio día; de las ocho hasta medio día (las 12 hs.). *Mezeŭropo* - Europa central. *Mezepoko* - edad media.

-OBL forma los múltiplos: *duobla* - doble, *duoblo* - el doble, *duoble* - doblemente.

PLI OL, MALPLI OL - (más que, menos que) son los comparativos: *la viroj estas pli fortaj ol la virinoj* - los hombres son más fuertes que las mujeres, *la virinoj estas malpli fortaj ol la viroj* - las mujeres son menos fuertes que los hombres. *Pli malpli* - más o menos.

LA PLEJ, LA MALPLEJ - (el, la) más, (el, la) menos, son los superlativos relativos. *Pli ol* compara con otra u otras cosas, *la plej* compara con todas: *Petro estas pli bona lernanto ol Karlo* - Pedro es mejor alumno que Carlos. *El ĉiuj lernantoj Roberto estas la plej bona* - de todos los alumnos Roberto es el mejor.

EL SUPERLATIVO ABSOLUTO se forma con el adverbio *tre* - muy: *Ŝi diris al mi tre afablajn vortojn* - ella me dijo palabras muy amables, *li laboras tre rapide* - él trabaja muy rápido (rápidamente).

EL - de, de entre (con idea de extracción, de salida): *preni el la poŝo* - sacar del bolsillo, *unu el vi* - uno de vosotros. Se usa también estas preposición para indicar material con que está hecha una cosa: *glaso el vitro* - vaso de vidrio. Usado como prefijo, indica salida, movimiento de dentro hacia afuera: *iri* - ir, *eniri* - entrar, *eliri* - salir, *spiri* - respirar, *enspiri* - inspirar, *elspiri* - espirar.

DO - pues, luego; por consiguiente: *li ne ricevis la leteron, do li ne venis* - él no recibió la carta, por consiguiente no vino. *Ĉu vi ŝatas la torton? Ĉu jes? Manĝu do!* - ¿Te gusta la torta? ¿Sí? ¡Come pues!

ĈU NE? - ¿No es así? ¿no? *Morgaŭ vi venos, ĉu ne?* - mañana vendrá Ud. ¿no es así?

AŬ es la conjunción o, u: *Ĉu vi trinkos teon aŭ kafon?* ¿Beberás té o café?, *jes aŭ ne?* ¿sí o no?

IOM indica cantidad indefinida, algo. Pero en el lenguaje corriente se usa *iom* para señalar una pequeña cantidad: donu al mi iom da supo - déme un poco (algo) de sopa. *Iom post iom* - poco a poco.

KELKFOJE = *kelkaj fojoj* - a veces, alguna vez.

-AN, sufijo que indica el miembro de una colectividad, el adepto, el habitante: *Kristo, kristano* - cristiano, *amerikano, akademiano* - miembro de la academia, *urbano* - habitante de una ciudad, *kamparano* - campesino, habitante de la campaña.

10-A LECIONO

En la 8-a leciono ni parolis **pri** diversaj horloĝoj. Kaj ni **forgesis** pri grava membro de la horloĝa familio. Ni forgesis pri la **vekhorloĝo**. Ĝi estas **mekanika** koko. La koko vekas la kokinojn. Kaj la vekhorloĝo vekas la homojn en la **mateno**.

Kio vekas vin matene (=en la mateno), ĉu koko aŭ vekhorloĝo? Ĉu via patrino vekas vin? Ĉu la vekhorloĝo estas simpatia aparato? Ĉu vi ŝatas ĝian **muzikon**?

Kiam mi aŭdis la belan muzikon de mia mekanika koko mi saltas el la lito, lavas min, **vestas** min (mi surmetas miajn vestojn), matenmanĝas kaj iras rapide al a laboro. Tie mi **salutas** miajn kamaradojn: **Bonan tagon!** La dekdua horo estas la mezo de la tago aŭ tagmezo. **Tiam** mi faras **paŭzon** en mia laboro kaj **tagmanĝas** kun bona apetito. Post la tagmezo (=post-tagmeze) mi **denove** laboras ĝis la **vespero** (18-a aŭ 19-a horo). Tiam mi iras al mia **hejmo** por **ripozi** kaj **vespermanĝi** kun mia familio. **Dum** la vespero, mi kelkfoje iras al la teatro, **kinejo** aŭ vizitas la Argentinan Esperanto-Ligon. Kiam mi eniras mi salutas: Bonan vesperon, samideanoj! Kiam mi **foriras** de

la **societo** mi diras **bonan nokton** al miaj bonaj amikoj kaj iras dormi. **Je noktomezo** (24-a horo) mi jam kuŝas en mia **mola** lito. Kia granda invento estas la lito! Bonan dormon!

Matene oni matenmanĝas.
Tagmeze oni tagmanĝas.
Vespere oni vespermanĝas.
—Je kioma horo vi matenmanĝas?
—Mi matenmanĝas je la sepa.

Je kioma horo vi tagmanĝas? Je kioma horo vi vespermanĝas? Ĉu vi vespermanĝas kun via familio? Ĉu vi ŝatas matenmanĝi en la lito? Kion vi faras en la mateno? Ĉu vi legas la ĵurnalon? Ĉu vi faras sporton?

Ĉu vi **banas** vin? Ĉu vi kantas en la banĉambro? Ĉu vi loĝas proksime de via laboro? Ĉu vi iras **piede** aŭ vi veturas? Ĉu vi povas sidi en la aŭtobuso?

Kion la homoj faras dum la tago? Kion ili faras dum la nokto? Dum vi dormas, aliaj homoj laboras. Kiam vi dormas? Kiam vi promenas? Ĉu vi ŝatis la supon kiam vi estis infano? Ĉu vi vizitos dancejon kiam vi estos tre maljuna?

Ĉu vi **iam** estis en Afriko?
Ne, sinjoro, mi **neniam** estis tie.
Ĉu vi jam manĝis **bifstekon** de elefanto?
Ne, mi neniam manĝis tion.

Mia patro ĉiam (=en ĉiu momento, en ĉiu tempo) estas gaja, neniam li estas malgaja. Li ĉiam diras: "**Menso** sana en korpo sana kaj gaja koro en sana korpo".
Mi **gratulas** vian patron.

Kia estas via koro? Ĉu vi ankaŭ estas ĉiam gaja? Ĉu via instruisto ofte gratulas vin?

En la ĝardeno Maria diris al Petro: Ĉu vi ĉiam amos min? Ĉu vi memoros ĉiam pri mi?" –"Jes, mia kara" -respondis Petro- "Mi ĉiam amos vin kaj neniam mi forgesos vin."

Ĉu ankaŭ vi ŝatas promeni en parko sub la steloplena ĉielo kaj diri dolĉajn vortojn?

Dum la nokto la manoj kaj piedoj, la korpo ripozas. La koro ne ripozas: ĝi ĉiam funkcias. Dum la homo vivas la koro neniam **haltas**.

En la mateno **unue** (1-e) mi lavas min, **due** (2-e) mi vestas min kaj **trie** (3-e) mi matenmanĝas.

Diálogo

–Bonan tagon, amiko, ĉu vi memoras pri mi?

–Vi tute eraras: Unue la tago ne estas bona, due mi ne estas via amiko kaj trie mi ne deziras memori pri vi.

Kion vi faras unue en la mateno? Kion vi legas unue en la ĵurnalo?

TRO MALALTA HOTELO

Vojaĝanto. –Kiom kostas ĉambro en via hotelo?

Hotelisto. –En la unua **etaĝo** 60 pesojn, en la dua 50 pesojn, en la tria 40 pesojn kaj en la kvara 30 pesojn.

Vojaĝanto. –Ĉu vi ne havas pli da etaĝoj?

Hotelisto. –Ne, sinjoro.

Vojaĝanto. –Do, via hotelo estas **tro** malalta por mi.

Ĉu vi ŝatas la proverbojn?

Kiom da kapoj, tiom da gustoj = Kiom da kapoj, tiom da opinioj.

Plej bone ridas kiu laste ridas.

Pli bona estas afabla **vorto**, ol granda torto.

BIFSTEKO	BISTEC, BIFE	**FORGESI**	OLVIDAR
ETAĜO	PISO 1°, 2°)	**FUNKCII**	FUNCIONAR
FAMILIO	FAMILIA	**GRATULI**	FELICITAR, GRATULAR
HOTELO	HOTEL	**HALTI**	HACER ALTO, DETENERSE
KAMARADO	CAMARADA	**KOSTI**	COSTAR
KINEJO	CINE	**RIDI**	REIR
KOKO	GALLO	**RIPOZI**	REPOSAR
KORPO	CUERPO	**SALUTI**	SALUDAR
MATENO	MAÑANA	**VEKI**	DESPERTAR
MEKANIKO	MECÁNICA	**IAM**	ALGUNA VEZ
MEMBRO	MIEMBRO	**KIAM**	CUANDO

MENSO	MENTE	**TIAM**	ENTONCES
MUZIKO	MÚSICA	**ĈIAM**	SIEMPRE
PAŬSO	PAUSA, INTERVALO	**NENIAM**	NUNCA
VESPERO	HORAS VESPERTINAS	**TRO**	DEMASIADO
VORTO	PALABRA, VOCABLO	**DUM**	DURANTE
MOLA	BLANDO, MUELLE	**DENOVE**	NUEVAMENTE
		VESTO	VESTIDO EN GENERAL
		SUBVESTO	ROPA INTERIOR

LA INSTRUISTO PAROLAS

BONAN TAGON lleva la **n** del acusativo por ser el complemento directo de *mi deziras: Mi deziras al vi bonan tagon* - le deseo a usted un buen día. (Le deseo ¿qué cosa? - un buen día. Lo mismo ocurre *con bonan nokton* - buenas noches, *feliĉan feston* - felices fiestas, *bonan apetiton* - buen provecho (=buen apetito), *dankon* - gracias (va en singular).

VESPERO es la parte del día opuesta a la mañana, entre la caída del sol y media noche. Eso que en castellano llamamos la parte vesperal o vespertina del día. De acuerdo a la costumbre de varia lenguas, se dice en Esperanto *bonan vesperon* al encontrarse con otros y *bonan nokton* al retirarnos.

PRI es una preposición que significa acerca de, concerniente a, sobre: *la profesoro parolis pri moderna literaturo* - el profesor habló sobre literatura moderna. *Pri tio mi ne volas paroli* - acerca de eso yo no quiero hablar.

PIEDE, MANE significan pedestremente, manualmente. Pero estos adverbios son poco usados quizás por demasiado largos y los reemplazamos por los modos adverbiales "a pie", "a mano".

Matene, tage, nokte y otros muchos ya no tienen equivalente en castellano y debemos decir "por, en, durante la mañana", etcétera. También en Esperanto podemos usar modos adverbiales: *dum la mateno (=matene)*. No confunda *tage* - de día (durante el día) con *ĉiutage* - diariamente, cada día: *Mi laboras nokte (=dum la nokto)* - yo trabajo de noche, *mi laboras ĉiunokte* - yo trabajo todas las noches. Otros adverbios: *hejmo* - hogar, *hejma* - hogareño, *hejme* - en el hogar, en la casa: *esti hejme* - estar en casa. Hay algunos adverbios simples —no derivados— que no llevan la terminación **e**: *hieraŭ, morgaŭ, nun* - ahora, *for* - lejos.

FOR significa alejamiento: *iri* - ir, *foriri* - marcharse, *forkuri* - alejarse corriendo, *forflugi* - alejarse volando. *Li loĝas for de la urbo* - él habita fuera de la ciudad, *la fora sudo* - el lejano sud, *for!* - fuera! *For de l' okuloj, for de la koro* - lejos de los ojos, lejos del corazón.

UNUA, UNUE, UNUO. Los números cardinales pueden convertirse en adjetivos: *unu* (1), *unua* (1-a) - primero; adverbios: *unue* (1-e.) - primeramente, en primer lugar, *trie* - en tercer lugar, etcétera. O en sustantivos: *unuo* - la unidad, *duo* - un par, *trio* - un grupo de tres, un trío, *deko* - una decena, *dekduo* - docena, *cento* - centena, *milo* - millar.

PREPOSICIONES. *Al, en, sur, sub, el, kun, de, da, pri* son preposiciones, así llamadas porque preceden al nombre o pronombre. El buen uso de las preposiciones es muy importante, puesto que relacionan las palabras entre sí: el libro está sobre la mesa, el perro está bajo la mesa.

Los nombres y pronombres que siguen a una preposición, no llevan **n** del acusativo, pues la relación está ya señalada por la preposición: *Mi trinkas kafon kaj lakton. Mi trinkas kafon kun lakto. Mi aĉetis dek pomojn* - yo compré diez manzanas, *mi aĉetis dekon da pomoj* - yo compré una decena de manzanas. Las preposiciones son invariables; no cambian de forma.

11-A LECIONO

La seĝo staras malproksime.

Petro **montras** per la fingro kaj diras: Tio estas seĝo.

La seĝo staras tie. Tie estas la seĝo.

Petro staras apud la tablo kaj diras: Tio ĉi (=ĉi tio) estas tablo. La tablo estas ĉi tie (=tie ĉi). Tie ĉi staras la tablo.

Kion montras Petro? Per kio li montras? Ĉu iu sidas sur la seĝo?

Alberto staras malproksime de Petro. Petro montras lin per la fingro kaj diras: Alberto estas tie. Tiu sinjoro, kiu staras tie, estas Alberto.

Petro kaj Alberto staras apude. Petro parolas: Alberto estas ĉi tie. Tiu ĉi sinjoro estas Alberto. Tiu ĉi sinjoro, kiu staras apud mi, estas Alberto. Ĉu vi konas lin? Kiu montras Alberton? Kiun montras Petro? Kie estas Alberto? Ĉu tiu ĉi leciono estas la dua?

TIE, TIU, TIO - malproksime.

TIE ĈI, TIU ĈI, TIO ĈI - proksime.

Ĉu vi konas tiun ĉi aparaton? Ĝi estas la termometro.

Ĝi pendas sur la muro kaj montras la temperaturon en la diversaj partoj de la jaro.

20 gradoj estas tre agrabla temperaturo; estas **varmeta**.

Sed 30 gradoj estas jam alta temperaturo. Ni malfermas pordojn kaj fenestrojn.

40 gradoj estas jam tre alta temperaturo, **altega** temperaturo. Tiam la **nudistoj** estas feliĉaj.

Tre agrabla temperaturo estas 15 gradoj; estas malvarmeta vetero.

Kiam la termometro montras **nulon** (0), tiam ni fermas pordojn kaj fenestrojn; estas malvarme.

Ofte dum vintraj matenoj, la termometro montras kelkajn gradojn sub nulo. Tiam la nudistoj estas malfeliĉaj. Ĉu vi ŝatas forlasi la varman liton en tiaj malvarmegaj matenoj?

Li ridas.

Sana homo ofte ridas.

Li ridegas.

Li estas tre gaja, li **laŭte** (=forte) ridas, li ridegas.

Li ridetas.

Li estas ĝoja, li ridetas.

Li vidas belan fraŭlinon, li afable ridetas. La rideto malfermas la koron.

Proksime de Montevideo estas malgranda monto; ĝi estas nur monteto.

Amazono estas riverego. Nov-Jorko estas urbego.

Bonan vesperon, amikoj. Kia estas la **vetero** hodiaŭ?

Dum la monato februaro, en Sudameriko, la vetero estas varma, estas **somero**. Sed en Eŭropo, februaro estas malvarma monato, tie estas **vintro**.

Somero kaj vintro estas partoj (sezonoj) de la jaro. La aliaj du sezonoj estas **printempo** kaj **aŭtuno**.

Dum printempo la ĝardenoj floras, la birdoj **ĝoje** kantas kaj faras komfortajn **rondajn** hejmojn. La koro de la junaj viroj (**junuloj**) kaj la koro de la junaj virinoj (junulinoj) forte batas. Ili facile amas dum al printempo. Agrabla, sed danĝera sezono!

La suno forte brilas en la somero. Estas varme. Kelkfoje estas varmege. La viroj portas malpezajn vestojn.

La vestoj de la fraŭlinoj estas ankaŭ malpezaj, mallongaj kaj... tre interesaj. Oni trinkas malvarman **bieron**.

Somere multaj homoj **ferias**, kelkaj iras al la maro, aliaj iras al la montoj kaj aliaj restas hejme... Tiam estas tre agrable naĝi en la maro, en rivero aŭ en banĉambro. For la vestojn! Vivu la blua maro kaj la freŝa ombro!

Poste venas la aŭtuno. Dum aŭtuno estas multaj fruktoj, sed la arboj iom post iom perdas la filiojn. La flavaj folioj **falas** kaj kuŝas sur la tero. Kiam la aŭtuna vento **blovas**, la folioj dancas kaj flugas. La birdoj forflugas al pri varmaj landoj. Tiu ĉi estas la malĝoja sezono.

Kaj jen venas la malvarma vintro. Dum tiu ĉi sezono la arboj estas **nudaj**, sed la homoj surmetas multajn dikajn lanajn vestojn, **surtutojn**. Dum la malvarmaj vintraj vesperoj estas **agrable** sidi apud la gaja, brila fajro.

Blanka **neĝo** ofte falas kaj blovegas malvarma **suda** vento. Tiam la vetero estas malvarmega. Dum vintro la **nazoj** estas ruĝaj.

Estas la sezono de la **naztukoj**. Kelkaj personoj faras vintrajn sportojn sur la neĝo. Por la riĉaj homoj (=riĉuloj), ĉiuj sezonoj estas bonaj. Por malriĉuloj kaj birdetoj, vintro estas **kruela** sezono. Pluvo, vento, neĝo; kia vetero!

Kia estis hieraŭ la vetero? En kiu sezono ni estas nun? Kia estas la vetero dum julio en tiu ĉi lando? Kiu sezono estas, por vi, la plej bela? Kiam la junaj (ankaŭ nejunaj) koroj forte batas?

Kiam estas varmege? Kion vi faras dum viaj ferioj? Ĉu vi scias naĝi?

Ĉu vi ŝatas trinki varman ĉokoladon dum somero? Kia estas la somero?

Kiam vi portas surtuton? Kia estas la vintro?

Dum printempo la tagoj kaj noktoj estas **egalaj** (=). La tagoj estas **tiel** longaj **kiel** la noktoj. Dum somero la tagoj estas pli longaj ol la noktoj. Ankaŭ en aŭtuno la noktoj estas tiel longaj kiel la tagoj. Sed en la vintro la noktoj estas pli longaj; ili estas pli longaj ol la tagoj. Dum printempo la vetero estas **nek** varma nek malvarma; ĝi estas varmeta aŭ malvarmeta.

Kiam la tagoj estas pli longaj ol la noktoj?

Kiam ili estas egallongaj? Ĉu vi estas tiel alta kiel via patro?

La infanetoj estas agrablaj kiam ili ridas aŭ ridegas, sed tre ofte ili ploras kaj ploregas kaj tiam ili ne estas agrablaj. La sanaj infanoj ofte ridas: ili esta **ridemaj**. La malsanaj infanoj estas ankaŭ ploremaj.

Persono, kiu multe legas estas legema (li sentas **inklinon** legi).

La junuloj estas sportemaj. La plenaĝuloj **emas** sidi kaj **babili** kun amikoj.

Ĉu vi estas legema, skribema, vojaĝema, demandema, babilema, dormema, laborema? Kian emon vi havas?

La legemulo (=legema homo) neniam perdas tempon; ĉiam havas ion por fari: legi. Kiam la vetero estas malbona la legemulo ne perdas la tempon; li sidas kaj legas interesan libron.

Kion vi faras dum pluva vetero?

Tiu ĉi libro **konsistas** el 20 lecionoj. Tiu ĉi leciono estas la dek-unua. Vi, do, **jam** lernis la duonon de la libro. Vi estas duonesperantisto.

Vocabulario

AŬTUNO	OTOÑO	**AGRABLA**	AGRADABLE
FAJRO	FUEGO	**DANĜERA**	PELIGROSO
FERIO	FERIADO, VACACIONES	**EGALA**	IGUAL
FOLIO	HOJA	**KRUELA**	CRUEL
GANTO	GUANTE	**NUDA**	DESNUDO
GRADO	GRADO	**RIĈA**	RICO
LANO	LANA	**MONTO**	MONTE, MONTAÑA
NAZO	NARIZ	**BABILI**	CHARLAR
NEĜO	NIEVE	**PERDI**	PERDER
NULO	CERO	**FALI**	CAER
PERSONO	PERSONA	**ĜOJI**	REGOCIJARSE
PRINTEMPO	PRIMAVERA	**KONSISTI**	CONSISTIR
SEZONO	ESTACIÓN	**PERDI**	PERDER
SPORTO	DEPORTE	**PLUVO**	LLUVIA
SUDO	SUR	**PLORI**	LLORAR
SURTUTO (SUR-TUTO)	SOBRETODO	**PREFERI**	PREFERIR
TEMPERATURO	TEMPERATURA		
VETERO	TIEMPO, ESTADO ATMOSFÉRICO	**LA MONATOJ**	LOS MESES
VINTRO	INVIERNO	**JANUARO**	ENERO
VESTO	ROPA	**FEBRUARO**	FEBRERO
TIA	TAL	**MARTO**	MARZO
		APRILO	ABRIL
		MAJO	MAYO
		JUNIO	JUNIO
		JULIO	JULIO
		AŬGUSTO	AGOSTO
		SEPTEMPRO	SEPTIEMBRE
		OKTOBRO	OCTUBRE
		NOVEMBRO	NOVIEMBRE
		DECEMBRO	DICIEMBRE

PLUVAS, NEĜAS. Sin duda habrá usted observado que en Esperanto, debido a la simplicidad de sus verbos, éstos deben ir siempre acompañados de sujeto –como en inglés o francés–: Leo un libro - *Mi legas libron*. Pero van sin sujeto, como en castellano, los verbos impersonales como *pluvas, neĝas*. Tampoco llevan sujeto el imperativo de la segunda persona: *venu!* - ven! Ne faru tion! - no hagas eso!

UL. Este sufijo indica al ser caracterizado por lo que expresa la raíz: *junulo* - un joven (un individuo joven), junulino - una joven, *riĉulo* - un rico, *malriĉulo* - un pobre, *maljunilo* - un viejo, *mamulo* - un mamífero (un animal, un individuo mamífero), *etulo* - un chico, un pequeñuelo. *Ulo* es un individuo, tiene un sentido un tanto despectivo: *Kia ulo!* - qué sujeto! Qué individuo!

-EM denota inclinación, tendencia, hábito: *babilema* - hablador, *dormema* - dormilón, *manĝema* - comilón, glotón. *Muzikema* - melómano. *Mi sentas dormemon* - Yo tengo sueño (yo siento deseos de dormir). No confunda *laborema junulo* - un joven trabajador (un joven que tiene inclinación al trabajo), con *juna laboristo* - un joven obrero (que puede no tener amor al trabajo).

TIA- tal, de tal clase; *Ĉu tian libron vi legas?* - esa clase de libro lees? *Tia estas la afero* - ése (tal, así) es el asunto, *kia patro, tia filo* - tal padre, tal hijo, kia arbo, *tia frukto* - tal árbol, tal fruto. *Mi aĉetis ĝin tia, kia ĝi estas* - yo lo compré tal cual es (está).

NEK - ni. *Estas nek varme nek malvarme (=ne estas varme nek malvarme)* - no hace calor ni frío, *venis nek Petro nek Antonio* - no vino Pedro ni Antonio.

NAZTUKO es una palabra compuesta: *naz-tuko* - pañuelo (para la nariz). En español la definición de pañuelo es 'Pedazo de tela, pequeño y cuadrado, que sirve para diferentes usos'. Esta definición vale para *tuko*, solo que *tuko* puede no ser pequeño, ni es siempre cuadrado: *poŝtuko* - pañuelo de bolsillo, *koltuko* - pañuelo para el cuello, *littuko* - sábana, *tablotuko* - mantel, *antaŭtuko* - delantal.

ĈI, partícula adverbial que indica aproximación: *ĉi tie (=tie ĉi)* - aquí, *tio ĉi* - esto, *tiu ĉi* - este, *ĉio ĉi* - todo esto, *ĉifoje* - esta vez, *ĉijara* - de este año, *ĉijare* - en este año.

-ET es el sufijo con el que se forman los diminutivos: *dometo*: casita, *infaneto* - niñito, *urbeto* - pequeña ciudad, *varmeta* - tibio, *malvarmeta* - fresco; *kanteti* - canturrear, *dormeti* - dormitar, *rideti*, sonreir. Usado con terminación: *eta (=malgranda)* - pequeño.

-EG es el sufijo con el que formamos los aumentativos: *pordego* - potón, *domego* - caserón, *pluvego* - aguacero, *(pluveto* - llovizna), *bonega* - buenísimo, excelente, *belega* - bellísimo; *ridegi* - reir a carcajadas, *pluvegi* - llover a cántaros, *ploregi* - llorar a lágrima viva.

En la mateno mi lavas min, mi kombas min kaj mi rigardas min en la **spegulo**.

Vi rigardas vin en la spegulo.
Li rigardas **sin** en la spegulo.
Ŝi rigardas **sin** en la spegulo.
Ĝi (la kato) rigardas **sin** en la spegulo.

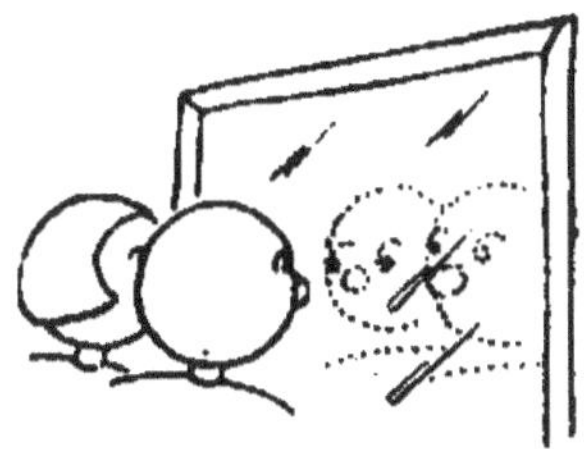

Ni rigardas nin en la spegulo.
Vi rigrdas vin en al spegulo.
Ili rigardas **sin** en la spegulo.

En la mateno Petro lavas siajn manojn, sian **vizaĝon**. Li kombas siajn harojn.

La patrino lavas sian filon. Ŝi lavas **lian vizaĝon, liajn manojn**, ŝi kombas liajn harojn.

Kion faras Petro matene? Kion vi faras matene? Kion faras la patrino? Kion ŝi lavas? Ĉu via patrino lavas vin?

Karlo ne iras ĉe la razisto. Li mem razas sin per sia nova razilo.

Li razas **sian** barbon per **sia** razilo. Sed ankaŭ li razas Petron. Li razas **lian** barbon per **sia** razilo.

Foje Petro razas sin per la razilo de Karlo: li razas sian barbon per **lia** razilo.

Ĉu vi mem razas vin? Ĉu Karlo razas vin?

Mi libertempas ĉe mia frato. Li loĝas en la **kamparo**. **Tra** la fenestro mi rigardas kaj vidas grandan arbon. Pli malproksime estas multaj arboj; ili formas **arbaron**.

Sur la ĉielo unu, du, tri, kvar... multaj birdoj, tuta **birdaro** flugas en granda V.

Dum la libertempo mi legas. Mi aĉetis dikan libron. En ĝi estas listo de vortoj kun **difino** de ĉiu vorto: ĝi estas **vortaro**.

Jen feliĉulo. Li ne laboras. Li kuŝas sur la verda **herbo**, sub arbo, kaj dormas. Li dormas kaj **sonĝas**. En la sonĝo li havas multan monon (multe da mono): li estas riĉulo. Dum la dormo lia **fantazio** libere flugas.

Ĉu vi ankaŭ havas fantazion?

Do, kion vi **farus se** vi estus riĉa? Ĉu vi vojaĝus tra la tuta mondo? Ĉu vi aĉetus blankan elefanton?

Se vi ne laborus, ĉu vi ankaŭ kuŝus sub arbo, sur la freŝa herbo?

"Se mi estus riĉa mi estus feliĉa", diras sana malriĉulo.
"Se mi estus sana mi estus feliĉa", diras malsana riĉulo.

Rugardu tiun ĉi sinjoron: li **demetis** siajn vestojn, li estas nuda.

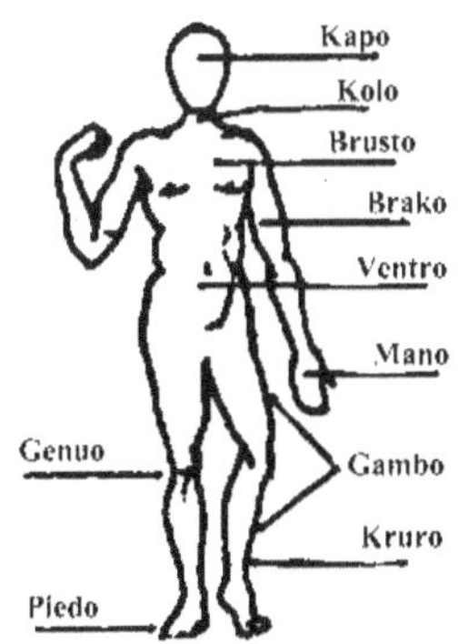

Dum tiu ĉi sinjoro ne **surmetas** siajn vestojn, ni parolos pri la homa **korpo**.

Ni komencu de la kapo. Sur ĝi estas la haroj (=hararo), kiuj povas esti brunaj, blondaj, ruĝaj, grizaj, nigraj aŭ blankaj. Foje la haroj tute ne estas... La **vizaĝo**, "spegulo de l´ animo", estas fronte de la kapo. Sub la **frunto** estas du fenestroj, la **okuloj**, tra kiuj ni rigardas. Inter la okuloj estas la **nazo**. En la buŝo estas la **dentoj** kaj la lango. Per la buŝo ni spiras, parolas manĝas, trinkas, Ĉe la buŝo estas la lipoj, **supra** kaj **malsupra**. Per la lipoj oni kiŝas - interesa laboro! Ambaŭflanke de la kapo estas la **oreloj**.

Inter la kapo kaj la **trunko** estas la **kolo**. La supra parto de la trunko estas la **brusto**. En ĝi estas la **pulmoj** kaj la koro. Malsupre estas la **ventro** kaj en ĝi la **stomako** kaj **intestoj**. La malantaŭa parto de la trunko estas a **dorso**.

Brakoj kaj **kruroj** (=**gamboj**) estas niaj membroj, supraj kaj malsupraj. Kruroj kaj piedoj subtenas kaj portas nin. Per la brakoj kaj manoj ni laboras. Tra la tuta korpo **fluas** la ruĝa **sango**. La **skeleto** (=**ostaro**) konsistas en multaj malmolaj **ostoj**.

Sur la tuta korpo estas natura vesto; ĝi estas la **haŭto**. La haŭto povas esti blanka, bruna. La haŭto de la **negroj** estas nigra aŭ ĉokoladkolora. Interesa maŝino la homa korpo, ĉu ne?

Kia kolora estas via hararo? Kian koloron havas viaj okuloj? Kio estas la "spegulo de l´ animo"? Ĉu vi kisas per la nazo? Ĉu via hundo ŝatas ostojn?

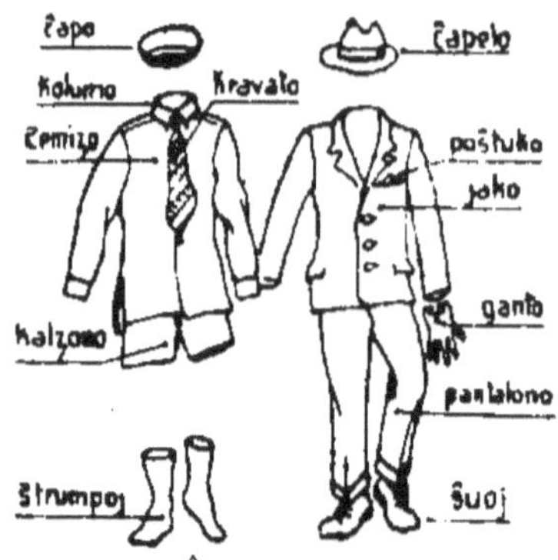

Sed nia amiko devas vesti sin. Unue li surmetos la **subvestojn**: kalsono kaj ĉemizeto (=subĉemizo). Ĉe la piedo li surmetas la **ŝtrumpojn**. La **ĉemizo** estas simpla kotona ĉemizo, sed kun bela **silka kravato**. La pantalono kaj la **jako** -la **kostumo**- estas el lano. La **ŝuoj** estas vestoj por al piedoj. Ŝuoj kaj gantoj estas el ledo.

Sur la kapo ni portas **ĉapelon** aŭ **ĉapon**.

Jupo kaj **subjupo** kaj **bluzoj** estas virinaj vestoj. Virinoj portas silkajn aŭ **nilonajn** ŝtrumpojn.

VOCABULARIO

ANIMO	ALMA	**NILONO**	NYLON
BLUZO	BLUSA	**OKULO**	OJO
BRUSTO	PECHO	**ORELO**	OREJA
ĈEMIZO	CAMISA	**OSTO**	HUESO
DENTO	DIENTE	**PULMO**	PULMÓN
DORSO	ESPALDA, DORSO	**SILKO**	SEDA
FANTAZIO	FANTASÍA	**SKELETO**	ESQUELETO
FRUNTO	FRENTE	**SONĜO**	SUEÑO
GAMBO	PIERNA	**SPEGULO**	ESPEJO
HERBO	HIERBA	**STOMAKO**	ESTÓMAGO
INTESTO	INTESTINO	**ŜTRUMPO**	MEDIA
JAKO	CHAQUETA, SACO	**ŜTRUMPETO**	CALCETÍN
SUBJUPO	ENAGUA	**ŜUO**	ZAPATO
KOLO	CUELLO, PESCUEZO	**TRUNKO**	TRONCO
KOSTUMO	TRAJE	**VENTRO**	VIENTRE
KOTONO	ALGODÓN	**VERO**	VERDAD
KRAVATO	CORBATA	**VIZAĜO**	CARA, ROSTRO
LANGO	LENGUA	**LIBERA**	LIBRE

	(ÓRGANO)		
LEDO	CUERO	**SUPRA**	SUPERIOR
			(EN EL ESPACIO)
LIPO	LABIO	**MALSUPRA**	INFERIOR
			(EN EL ESPACIO)
MONDO	MUNDO	**PRESKAŬ**	CASI

LA INSTRUISTO PAROLAS

PRONOMBRE REFLEXIVO. Cuando decimos: María se mira en el espejo, queremos decir: María mira a María en el espejo. La palabra se (a sí) que reemplaza a María es un pronombre reflexivo de la tercera persona. Es en la oración, el "reflejo" del sujeto, como la imagen en el espejo es el reflejo de María.

Es primera persona la que habla (yo, nosotros). Segunda persona es con quien se habla (tu, vosotros) y tercera persona, de quien se habla (él, ella, ello, ellos). En el modelo comparado que sigue se advertirá que también es español usamos el pronombre reflexivo se, en la tercera persona (él, ella, ello).

Mi lavas min	Yo me lavo
Vi lavas vin	Tú te lavas
Li lavas sin	El se lava
Ŝi lavas sin	Ella se lava
Ĝi lavas sin	Ello se lava
Ni lavas nin	Nosotros nos lavamos
Vi lavas vin	Vosotros os laváis
Ili lavas sin	Ellos, ellas, se lavan

Observe que:

Ŝi lavas sin	Ella se lava
Ŝi lavas ŝin	Ella la lava (a otra persona)

ADJETIVO REFLEXIVO. *Sia* es el adjetivo reflexivo que corresponde al pronombre reflexivo si: *Maria rigardas sian vizaĝon en spegulo* - María mira su rostro en un espejo.

Su es aquí el adjetivo reflexivo de tercera persona (de quien se habla). Al igual que *si*, *sia* es más preciso que el correspondiente "su" castellano; en la frase "El duerme en su pieza", su indica solo vagamente al poseedor de la pieza (su de Ud., de él, de ella); en Esperanto no hay lugar a dudas: *Li dormas en sia ĉambro* (en la propia), *en via* (de Ud., tuya), *en ŝia* (de ella) *en ilia* (de ellos), etcétera.

María rigardas lian vizaĝon en spegulo (*lian* - su de él, el rostro de otra persona). *Petro promenis kun Karlo kaj lia patro* (*lia* - de él, de Karlo). *Petro promenas kun Karlo kaj sia patro* (*sia* - suyo, del sujeto de tercera persona, de Petro).

-US expresa condición. En el modo condicional la acción se efectúa si se cumple cierta condición: *Se ne pluvus, mi povus promeni* - si no lloviese, podría pasear. *Se mi havus tempon, mi mem farus ĝin* - si yo tuviera tiempo, yo mismo lo haría.

SE - si (conjunción condicional). *Se li ne pagas, mi ne laboras* - si él no paga, yo no trabajo. *Se li ne pagus, mi ne laborus* - si él no pagase, yo no trabajaría. *Se vi volas* - si tú quieres.

MEM - mismo. *Mi mem vidis la reĝon* - yo mismo vi al rey. *Mi vidis la reĝon mem* - yo vi al mismo rey. *Memamo=sinamo* - amor propio.

–**Saluton**, samideano! Hieraŭ mi **atendis** vin en mia **hejmo**. **Kial** vi ne venis?

–Mi ne iris, **ĉar** mi estis iom malsana.

–Kia **bedaŭro**! Sed kial vi estis malsana?

–Ĉar mi **ĉeestis** feston kaj manĝis tro da **fritaĵoj**, tro da **sukeraĵoj** kaj **drinkis** tro da **alkoholaĵoj**.

Dum mi **restis** hejme malsana mi legis la **lastan** numeron de 'Heroldo de Esperanto". Tie mi trovis multajn novaĵojn kaj interesajn **legaĵojn**.

Kial la samideano ne vizitis sian amikon? Kial la samideano estis malsana? Kion li manĝis? Kion li trinkis? Ĉu vi ŝatas sukeraĵojn (bonbonoj, ĉokolado, k.t.p.)? Ĉu vi ŝatas alkoholaĵon (rumo, viskio, konjako, k.t.p.)? Ĉu vi aŭskultas la novaĵojn per radio?

El sukero oni Faras sukeraĵojn

Bone, samideano, mi **esperas**, **ke baldaŭ** vi estos tute sana kaj vizitos min. Vi vidos mian katon kaj mian hundon. Ili ne estas ordinaraj bestoj: ili vivas ne "kiel hundo kaj kato"; ili vivas en bona amikeco, en bona kamaradeco. Vi **admiros** la **belecon** de miaj du bestoj: la blankecon de mia hundo kaj la nigrecon de mia kato. La haroj de mia kato estas nigraj kaj silkecaj (havas la kvaliton de la silko), dum la haroj de mia hundo estas lanecaj (havas la kvaliton de lano). La hundo estas **fidela** amiko. Mi ŝatas la fidelecon de la hundo.

Dum la infaneco oni faras infanaĵojn. Dum la juneco oni faras heroaĵojn. Dum la maljuneco oni... memoras.

Ĉu vi bone memoras pri via infaneco? Ĉu vi ankoraŭ faras infanaĵojn?

–Ĉu vi spiras per la oreloj?

–Ne, sinjoro, mi spiras per la nazo ka la buŝo.

Oni spiras tra du **truoj** (naztruoj). Per tiuj du truoj ankaŭ oni **flaras** la **odorojn**. Per la orelo ni audas kaj per la fingroj ni tuŝas. Kaj per la lango -ĉiam malseka en la buŝo- ni gustumas la manĝaĵojn kaj trinkaĵojn.

–Bone, gustumu tiun ĉi **oranĝon**. Kia ĝi estas?

–Fi!... tro acida; ĝi tute ne estas **manĝebla**!

La marakvo (=akvo de maro) ne estas trinkebla.

Tiu ĉi skribaĵo estas tre **malklara**. Ĝi estas preskaŭ **nelegebla**.

Dum **hela** vetero la montoj estas **klare** videblaj.

–Ĉu vi komprenas la signifon de la sufikso "aĵ"?

–Jes, mi komprenas. La sufikso "aĵ" montras konkretajn objektojn, aferojn, kiuj estas videblaj, tuŝeblaj, aŭdeblaj, fareblaj, **senteblaj**.

Per kio vi aŭdas? Per kio vi vidas, flaras, tuŝas, gustumas?

Ĉu varmega afero estas tuŝebla per la mano? Ĉu vi klare skribas?

Ĉu vi ŝatas helajn vestojn?

Per la sufiksoj **aĵ, ec, ebl**, oni formas vortojn. **Aĵo** signifas objekton, **eco** signifas kvaliton, ebla, eble signifas "povas esti".

Kiel forgesema mi estas! Mi ne scias kie mi metis miajn aĵojn, eble mi lasis ilin ĉe Antono, eble ili estas en la oficejo. Mi ne memoras. Ĉu vi memoras kie vi lasas viajn aferojn?

LA HUNDETO

Petro estis tre malgaja. Karlo diris al li:

—Petro, kial vi estas tiel malgaja?

—Ĉar mi perdis mian karan hundeton.

—Kial vi ne **metas anoncon** en la ĵurnalon?

—Ĉar estus tute **senutile**, Karlo; mia hundeto ne scias legi!

Kial Petro estas malgaja? Kion diris Karlo? Kial Petro ne volas **meti** anoncon?

NEMANĜEBLA SUPO

Sinjoro sidis ĉe tablo de restoracio kaj **mendis** supon. Kiam la supo estis sur la tablo li diris:

—Tiun ĉi supon mi ne povas manĝi.

—Mi **tuj alportos** alian, sinjoro, diris la **kelnero**.

Kiam la nova supo **alvenis** la sinjoro denove diris:

—Tiun ĉi supon mi ne povas manĝi.

Tuj venis la mastro kaj demandis:

—Sed **kio okazas**, sinjoro, ĉu la supo ne estas bongusta? Ĉu eble ĝi estas tro malvarma, tro varma?

—Ne.

—Kial do, vi ne povas manĝi tiun ĉi supon?

—Ĉar la kelnero ne portis al mi **kuleron**.

Ĉu la supo estis manĝebla? Kion diris la mastro? Kial la sinjoro ne povis manĝi la supon? Ĉu vi povas manĝi supon **sen** kulero?

ALKOHOLO	ALCOHOL	**GUSTUMI**	DEGUSTAR, PROBAR
FERO	HIERRO	**MENDI**	ENCARGAR, PEDIR
HEROO	HEROE	**METI**	PONER
KAMARADO	CAMARADA	**ODORI**	EXHALAR UN OLOR
KELNERO	MOZO DE CAFÉ	**RESTI**	QUEDAR
KULERO	CUCHARA	**SENTI**	SENTIR
OBJEKTO	OBJETO	**SIGNIFI**	SIGNIFICAR
ORANĜO	NARANJA	**TUŜI**	TOCAR
RESTORACIO	RESTAURANTE	**KIAL**	POR QUÉ (POR QUÉ RAZÓN)
TRUO	AGUJERO	**ĈAR**	PORQUE (POR ESA RAZÓN)
ACIDA	ÁCIDO, AGRIO	**BALDAŬ**	PRONTO, EN BREVE
HELA	CLARO (COLOR, LUZ)	**TUJ**	EN SEGUIDA
KLARA	CLARO (COMPRENSIBLE)	**DRINKI**	BEBER POR VICIO
LASTA	ÚLTIMO	**DRINKEJO**	TABERNA
ADMIRI	ADMIRAR	**SALUTON** (mi salutas vin=mi esprimas mian saluton)	YO LO SALUDO, LE EXPRESO MI SALUDO ¡SALUD!
ANONCI	ANUNCIAR	**ALVENI** (AL-VENI)	LLEGAR
ATENDI	AGUARDAR	**KIO OKAZAS?**	QUÉ OCURRE QUÉ PASA?
BEDAŬRI	LAMENTAR, DE-PLORAR		
ESPERI	ESPERAR, TENER ESPERANZA		
ALPORTI (AL-PORTI)	TRAER		
FLARI	OLER		
FRITI	FRITAR		

-AĴ indica lo material, la cosa hecha por la materia expresada en la raíz, lo que se manifiesta concretamente: *dolĉaĵo* - un dulce, una cosa dulce; *sukeraĵo* - cosa hecha con azúcar; *legaĵo* - material de lectura; *skribaĵo* - un escrito; *trinkaĵo* - brebaje; *fritaĵo* - fritura; *novaĵo* - una nueva (noticia); *amikaĵo* - una prueba de amistad, un acto amistoso; *infanaĵo* - una niñería, una chiquillada. *Aĵo* - cosa.

-EC expresa lo inmaterial, la cualidad abstracta que a veces se expresa en castellano con palabras terminadas en ez o idad (vejez, acidez, fidelidad). *Mola* - blando, *moleco* - blandura, molicie; *juneco* - juventud; *blankeco* - blancura; *silkeca* - sedoso; *silkeco* - sedosidad; *homeco* - (cualidad de humano) hombría, humanidad, que no debe confundirse con *homaro* - la humanidad -conjunto de hombres. *Eco* - cualidad, propiedad.

Peko kaj eraro estas ecoj de l' homaro - el pecado y el error son cualidades de la humanidad.

-EBL indica posibilidad. *Legebla* - legible; *nemanĝebla* - incomible. *Vitro estas travidebla kaj facile rompebla* - el vidrio es transparente (es posible ver a través) y fácilmente rompible (fácil de romperse). *Videbleco* - visibilidad (cualidad de lo que es visible). *Ebla* - posible; *eble* - posiblemente; *ebleco* - posibilidad: *neebla* - imposible. *Nekredebla novaĵo* - una noticia increible.

KE es la conjunción "que": *oni diras ke* -se dice que. *Diru al Petro ke li venu* - dile a Petro que venga. *Mi vidas ke vi laboras* - yo veo que tú trabajas.

No confunda "que" conjunción con "que" pronombre relativo.

Creo que vendrá - *Mi kredas ke li venos.*

El señor que (el cual) vino es Pedro - *La sinjoro, kiu venis estas Petro.*

El libro que (el cual) comprastre es interesante. - *La libro, kiun vi aĉetis estas interesa.*

(Ver nota en la lección complementaria).

k.t.p. (=*kaj tiel plu*) - etcétera (y así lo demás).

SENUTILA es inútil (=no útil), *malutila* es perjudicial, lo contrario de útil: *senutilaj vortoj* - palabras inútiles; *malutilaj vortoj* - palabras perjudiciales. Recuérdese que mal expresa lo diametralmente opuesto a lo expresado en la raíz y que los términos medios deben expresarse por *sen, ne, iom*: *riĉa-neriĉa, iom riĉa,* o con *et, beleta* - bonita, *malsaneta* - algo enfermo, decaído.

14-A LECIONO

Ĉu vi scias kion faras tiu ĉi fraŭlino?

Ĉu ŝi manĝas ĉokoladon? Mi kredas ke ne.

Per la maldekstra mano ŝi **tenas rondan** speguleton, kaj per la dekstra ŝi tenas ruĝan krajonon. Ŝi faras gravan laboron.

Ŝi **ruĝigas** ŝian lipojn.

Antaŭ unu semajno ŝi estis bruna. Nun ŝi estas blonda. Do, la blondeco de ŝia hararo ne estas natura. Ŝi blondigas (heligas) sian hararon.

Ŝi beligas sin. Ŝi briligas siajn **ungojn**.

Ĉu vi komprenas la signifon de la sufikso "**ig**"? Ĉu vi komprenas **verdigi, blankigi, nigrigi**?

Kiu ruĝugas siajn lipojn? Ĉu vi briligas viajn ŝuojn? Ĉu vi ruĝigas vian nazon?

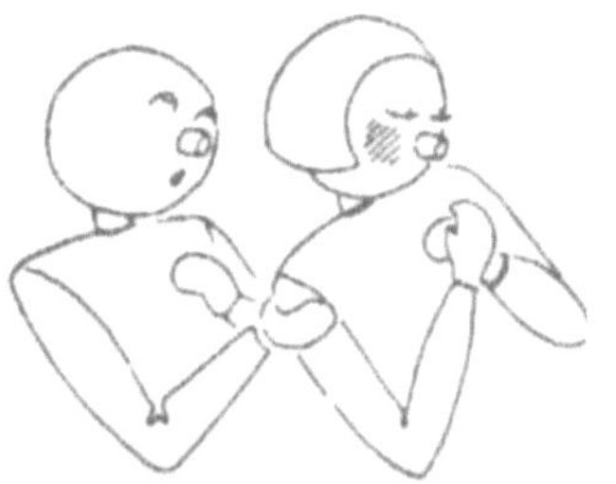

Li parolas kaj ŝi aŭskultas. Li diras: "Mi amas vin".
Ŝi nenion diras; si nur ruĝiĝas.

Ŝia vizaĝo fariĝas varma kaj ruĝa.

Ĉu ŝi estas moderna fraŭlino?
Mi kredas ke ne, ĉar modernaj fraŭlinoj ne ruĝiĝas.

Kia pluvego! Malfeliĉa Petro; li devas iri sub la pluvo kaj la pluvo tute **malsekigas** liajn vestojn kaj ŝuojn.

Petro tute malsekiĝis **pro** la pluvo. La vestoj de Petro estas malsekaj. La suno sekigas ilin.

Sub la varmaj sun**radioj** la vestaĵoj pendas kaj sekiĝas.

La ŝuojn de Petro estis malpuraj. Petro purigis siajn ŝuojn kaj briligis ilin per **broso**.

Kial Petro malsekiĝis? Kio malsekigis lin? Kio sekigas la vestaĵojn? Ĉu vi mem purigas vian ĉambron?

La malsano maljunigis lin kaj liaj haroj griziĝis. Li iris al la montaro por resaniĝi. La montara aero estas pura kaj saniga. Manĝu multajn fruktojn kaj vi resaniĝos. La fruktoj estas nutraj kaj sanigaj. La suno maturigas ilin.

La ĉambro estas **silenta** en la mateno. Subite, je la sesa horo, la vekhorloĝo faras grandan **skandalon**, ĝi **gaje sonoras**. Petro vekiĝas pro la **bruo**. Li haltigas la **sonorilon** kaj rigardas la aparaton kun

profunda malŝato. Li dezirus ankoraŭ resti en la lito, **tamen** li **leviĝas**, li **ellitiĝas**. La kombilo aŭ dentobroso ankoraŭ sidas apud la horloĝo, sed baldaŭ ili ankaŭ laboros.

Je kioma horo vi leviĝas (ellitiĝas)? Ĉu via patrino vekas vin? Kiom da fojoj ŝi devas veki vin? Ĉu vi tuj saltas el la lito?

Vespere je la 23-a horo, Petro senvestiĝas kaj enlitiĝas.

Li ankaŭ legas kelkajn paĝojn de interesa libro, sed baldaŭ liaj okuloj fermiĝas kaj li endormiĝas. Bonan dormon, Petro, kaj feliĉajn sonĝojn!

Petro senvestiĝas, enlitiĝas kaj endormiĝas, sed la patrino senvestigas, enlitigas sian infaneton kaj endormigas ĝin per kanto.

Kion faras Petro je la 23-a horo? Ĉu vi legas libron antaŭ la dormo? Je kioma horo vi enlitiĝas? Ĉu vi baldaŭ endormiĝas? Ĉu vi legas la telefonlibron?

NI PROMENU TRA LA URBO

Tra la stratoj rapidas ĉiaj veturiloj: aŭtomobiloj, **pezaj ŝarĝaŭtoj** (=kamionoj), aŭtobusoj (=omnibusoj), **tramoj, bicikloj, motor(bi)cikloj** kaj maloftaj ĉaroj kun ĉevaloj. Ĉe la **stratanguloj** policistoj **gvidas** la trafikon. Sub la stratoj, tra **tuneloj**, rapidas la subteraj **trajnoj**.

Sur la **trotuaroj** ĉe **ambaŭ flankoj** de la stato, piediras, **trotas**, kuretas la **homamaso**.

La **avenuoj** estas larĝaj, kaj ambaŭflanke **vicoj** da arboj donas ombron al la trotuaro.

En la urbocentro troviĝas (sin trovas) la grandaj kaj gravaj konstruaĵoj: La **palaco** de la nacia **Registaro**, la **urbodomo**, la **bankoj**, la grandaj **magazenoj** kun interesaj montrofenestroj, teatroj, kinejoj, **muzeoj, universitato** kaj belaj placoj kun **monumentoj**.

En mia **trankvila vilaĝo** estas nur dometoj kun ĝardeno kaj diversaj **butikoj: apoteko, panejo, legomvendejo**. Ĉe placeto la infanoj **ludas** kaj la maljunuloj sidas kaj babilas.

Vocabulario

AERO	AIRE	**VILAĜO**	ALDEA VILLORRIO
ANGULO	ANGULO, ESQUINA	**KONTENTA**	CONTENTO, SATISFECHO
AMASO	MULTITUD, MONTON	**LACA**	CANSADO
APOTEKO	BOTICA, FARMACIA	**MATURA**	MADURO
AVENUO	AVENIDA	**RONDA**	REDONDO
BICIKLO	BICICLETA	**SEKA**	SECO
BUTIKO	TIENDA, NEGOCIO	**SUBITA**	SÚBITO
BROSO	CEPILLO	**GVIDI**	GUIAR
FLANKO	LADO, FLANCO	**KREDI**	CREER
LEGOMO	LEGUMBRE	**PEZI**	PESAR, TENER PESO
MAGAZENO	NEGOCIO GRANDE	**REGI**	REGIR, GOBERNAR
MONUMENTO	MONUMENTO	**ŜARĜI**	CARGAR
MOTORCIKLO	MOTOCICLETA	**TENI**	TENER
MUZEO	MUSEO		
NACIO	NACION	**AMBAŬ**	AMBOS
NATURO	NATURALEZA	**TAMEN**	SIN EMBARGO
OMBRO	SOMBRA	**REGISTARO**	(EL) GOBIERNO (CONJUNTO DE GOBERNANTES)
PALACO	PALACIO	**URBODOMO**	MUNICIPALIDAD, AYUNTAMIENTO (CASA DE LA CIUDAD)
POLICO	(LA) POLICÍA	**MONTROFENESTRO**	VIDRIERA, ESCAPARATE
RADIO	RAYO, RADIO	**RAPIDI**	APRESURARSE
SKANDALO	ESCÁNDALO	**STRATANGULO**	ESQUINA DE CALLE
SONORILO	CAMPANA		
TRAFIKO	TRAFICO		
TRAJNO	TREN		

TRAMO	TRANVIA
TROTUARO	ACERA
TUNELO	TUNEL
VICO	FILA,
	HILERA

LA INSTRUISTO PAROLAS

-IG tiene el sentido de tornar, hacer, causar, poner en el estado expresado en la raíz. Los verbos formados por *igi* corresponden a los castellanos terminados en -ificar: *ŝtono*=piedra, *ŝtonigi*=petrificar, *vitrigi*-vitrificar, *simpligi*-simplificar. Pero *blankigi* blanquear, *nigrigi*, ennegrecer, *sciigi* hacer saber, *sekigi* secar, *dormigi* hacer dormir, adormecer. Todos los verbos formados con *-igi* son transitivos: exigen acusativo.

Igi usado como verbo tiene el mismo significado: hacer, tornar, inducir: *Mi igis lin labori* (=*mi laborigis lin*) - yo lo hice trabajar.

Naturalmente también se forman, adjetivos y adverbios con -ig: *simpligo* simplificación, *kuraĝiga* que da coraje, alentador, *kuraĝige* alentadoramente, en forma alentadora.

-IĜI tiene el sentido de hacerse, volverse, pasar a otro estado; *ruĝiĝi* - enrojecerse, sonrojarse, *sekiĝi* - secarse, *riĉiĝi* - enriquecerse (volverse rico), *leviĝi* - levantarse, *kuŝiĝi* - acostarse, *la folioj flaviĝas, sekiĝas kaj falas* - las hojas se vuelven amarillas, se secan y caen.

El verbo *iĝi* tiene el mismo valor: *sekiĝi (iĝi seka), troviĝas* se encuentra, hallarse, *fariĝas* (=*iĝas*) -se hace, se vuelve. *Sidi* - estar sentado, *sidiĝi* - sentarse, tomar asiento.

PRO, a causa de, por.

Pro tio - por eso, *li ne venis pro la pluvo* -él no vino a causa de la lluvia.

AŬTO, KINO son apócopes: *aŭto = aŭtomobilo*; *Kino = kinematografo*. *Kinejo* es un cine, *kino* es el cine, el arte cinematográfico.

15-A LECIONO

 La tablo nun estas malplena. La familio jam tagmanĝis. Post la manĝo restas **paneroj** (pecetoj da pano). La paneroj kuŝas sub la tablo. Muso kuretas sub la tablo kaj manĝas la panerojn. Ĝi kuras de unu **parto** al alia kaj manĝetas. Subite nigra kato venas. La museto tuj kuregas → sub la **sofon**. Kaj nun ĝi trankvile kuras sub la sofo, ĉar ĝia nigra malamiko tie ne povas **kapti** ĝin.

Observu!
Kie kuretis la muso por manĝi la restaĵojn?

SUB LA TABLO

Kien kuregis la muso kiam venis la kato?

SUB → LA SOFON

La litero **n** montras ankaŭ la **direkton**, la **celon** de movo.
La kato postkuras la muson, la muso kuras → en sian truon.
La celo de la kato estas la muso, la celo de la muso estas la truo.

Kie vi estis hieraŭ?
Mi estis hejme. Mi estis tie.

Kien vi iras hodiaŭ?
Mi iras hejmen. Mi iras tien.
Kien vi iras hodiaŭ matene?
Kien vi iros morgaŭ vespere?

Fraŭlino, ĉu vi kuras su la sofon aŭ vi saltas sur la sofon se vi vidas raton?

La **muŝo** (la muŝo, ne la muso) rondflugas tra la ĉambro kaj jen ĝi falas...

-Kien? -**Ĝuste** en la **supujon**!

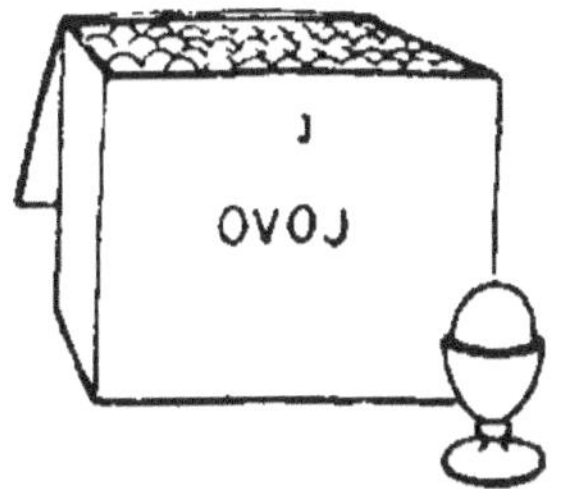

Kio estas en la supujo? Supo, **kompreneble**.
Kaj en la sukerujo, en la **salujo**, en la **inkujo** kio estas?
Kie vi havas la monon? Ĉu en la supujo?

En la ovujo estas cento da ovoj, sed en la **ovingo** estas nur parto de unu ovo.

En la skatolo estas **cigaroj**. Ĝi estas ligna cigarujo. La cigarujo. La cigarujo **enhavas** dek cigarojn, sed la **cigaringo entenas** nur parton de unu cigaro.

La pomojn metu en → tiun malplenan ujon.

Por mia bona tranĉilo mi aĉetis ledan ingon.

Ĉu vi ŝatas la birdojn? Jen **disĵetu** tiujn panerojn por ke ili manĝu.

Dum la festo li disĵetis **plenmanon** da **moneroj** al infanoj.

Sed **antaŭ ol ni disiru** mi volas paroli al vi pri mia nova domo.

LA DOMO

Ĉu vi deziras vidi mian novan hejmon? Ĝi estas negranda domo, sed **sufiĉe komforta**.

Jen la ĝardeneto kun kelkaj **plantoj** kaj citronarbo.

Ĉi tiu estas la dormoĉambro de miaj filoj. Ĉiu havas sian ŝrankon por la vestaĵoj. En la banĉambro estas lavujo kaj banujo kun varma kaj malvarma akvo.

Jen al saloneto kun la piano kaj la televidaparato. Sur la **planko** kuŝas dika tapiŝo, kaj de la **plafono** pendas moderna **lampo**. Ĉe la fenestroj pendas silkaj **kurtenoj**.
Tiu ĉi **ŝtuparo** kondukas al la supra etaĝo, kie loĝas **kuracisto**. La maljuna doktoro **meritas** mian respekton kaj admiron. Li estas **respektinda** kaj admirinda persono.

Hm, bona odoro! Ĝi venas el la kuirejo. Sur al kuirforno estas plenaj kaseroloj. En la bakforno eble estas **rostaĵo** aŭ kuko.

Ĉu vi jam foriras? Ĉu vi deziras tagmanĝi kun ni?

Ne dankon, mi bedaŭras, sed hodiaŭ ne; baldaŭ mi **revenos**. Ĝis revido.

Kio estas en mia nova hejmo?
Ĉu vi havas ĝardenon en via hejmo?
Kio estas en via dormoĉambro?
Ĉu vi povas marŝi sur la plafono?
Ĉu vi estas bona kuiristo (bona kuiristino)?
Ĉu vi ŝatas lavi kaserolojn?
Kie loĝas la maljuna doktoro? Kia homo li estas?

SENFINA RAKONTO

Malfrue en la nokto viro sidas sola sur benko de placo.
Policisto **alproksimiĝas** kaj demandas al li:
-Kion vi faras ĉi tie? Kial vi ne iras hejmen?
-Ĉar mia edzino estas **kolera**.
-Kial via edzino estas kolera?
-Ĉar mi ne iras hejmen.

Kion faris la viro?
Kiu alproksimiĝas?
Kie li sidis?

Kien li ne volas iri?

Kion faras via edzino kiam vi malfrue revenas hejmen?

Ĝis revido, amiko!

Legu kaj relegu la lecionojn!

VOCABULARIO

CELO	OBJETIVO, FIN	**ŜRANKO**	ARMARIO
CIGARO	CIGARRO	**TAPIŜO**	TAPIZ, ALFOMBRA
EDZO	ESPOSO	**ĜUSTA**	JUSTO, EXACTO
INKO	TINTA	**SUFIĈA**	SUFICIENTE
FORNO	COCINA, HORNILLO		
KASEROLO	CACEROLA	**APERI**	APARECER
KURTENO	CORTINA	**CELI**	TENDER A
MUSO	LAUCHA, RATON	**KAPTI**	ATRAPAR
MUŜO	MOSCA	**KOLERI**	ENCOLERIZARSE
PLAFONO	CIELORRASO	**KUIRI**	COCINAR
PLANKO	PISO DE HABITACION	**KURACI**	CURAR, TRATAR ENFERMOS
PLANTO	PLANTA	**MERITI**	MERECER
RESPEKTO	RESPETO	**ROSTI**	ASAR
SALO	SAL		
SOFO	SOFA		
ŜTUPO	ESCALON		
ŜTUPARPO	ESCALETA		

LA INSTRUISTO PAROLAS

ACUSATIVO DE DIRECCION. Del mismo modo que en "Juan corre a Pedro", Pedro representa el fin, el objetivo de la acción, en "Juan corre a Montevideo", Montevideo representa también el fin de la acción, de un movimiento.

Así diremos en Esperanto: *Johano postkuras Petron* y *Johano kuras Montevideon.*

Este acusativo de dirección es muy útil, porque nos permite distinguir el movimiento con traslación del movimiento sin traslación:

La hundo kuras en la ĝardeno - el perro corre en el jardín (estando dentro de él). *La hundo kuras en la ĝardenon* (entra corriendo en el jardín desde afuera). *La muso kuretas sub la tablo* - el ratón corretea bajo la mesa. *De sub la tablo la muso kuras sub la sofon* - de debajo de la mesa el ratón corre (hacia) debajo del sofá.

KIE - donde, *kien* - adonde, *tie* - alla, allí, *tien* - hacia allá, hacia donde.

El adverbio de lugar puede tomar la n del acusativo de dirección: *hejme* - en casa, *hejmen* - a casa, *supre* - arriba, *supren* - hacia arriba, *antaŭe* - adelante, *antaŭen* - hacia delante. *Ĉiam antaŭen!* - Siempre adelante!

-UJ da la idea general de recipiente, de continente: *supujo* - sopera, *monujo* - billetera, *monerujo* - monedero. *Laktujo estas ujo por lakto* - lechera es un recipiente para leche.

  (Ver nota en la lección complementaria).

DIS - es prefijo que denota dispersión: *disdoni* - distribuir (dar a varios), *dismeti* - distribuir (colocar en varios lugares), *disiri* - separarse (ir en varios lugares), *disiĝi* - separarse, *disigi* - separar. *La vojoj disiĝas* - los caminos se separan. *Miaj aĵoj dise kuŝis sur la planko* - mis cosas yacían desparramadas sobre el piso.

RE - señala la repetición: *relegi* - releer, *refari* - rehacer, *reveni* - volver, *redoni* - devolver (volver a dar). *Ĝis (la) revido* - hasta la vista! (hasta volvernos a ver).

-ING señala lo que contiene parcialmente algo: *ovingo* - huevera, *cigaringo* - boquilla (para cigarrillos), *kandelingo* - candelero. *Kandelingo estas ingo por kandelo - Ingo* da idea de vaina. *Sabringo* - vaina de sable.

-IND denota lo que es digno, que merece: *Fidinda* - fidedigno, fehaciente. *Vidinda pejzaĝo* - un paisaje digno de verse, *leginda libro* - un libro que merece ser leído, *respektinda* - respetable, *ridinda* - ridículo. *Respektinda persono estas persono inda je respekto.* Indeco - dignidad.

-ER. Este sufijo señala la partícula, el elemento constitutivo: *sablo* - arena, *sablero* - grano de arena, *fajro* - fuego, *fajrero* - chispa, *monero* - moneda (níquel), *panero* - migaja. *Panero estas ero da pano. Diserigi* - desmenuzar.

SEN - sin: *sen pano kaj sen mono* - sin pan y sin dinero. *"pli bona pano sen butero ol kuko sen libero"* - más vale (mejor) pan sin manteca (pan seco), que tortas sin libertad.

También esta preposición se usa como prefijo: *sengusta supo* - sopa insípida, *vesto de senmakula blankeco* - vestido de blancura inmaculada (*makulo* - mancha). *Senhoma vilaĝo* - aldea desierta (sin hombres).

Algunas expresiones:

Kompreneble (comprensiblemente) se usa como nuestro coloquial "naturalmente" o "se comprende".

Plenmano es un puñado (una mano llena). *Plenkulero* - una cucharada, *plenbuŝo* - una bocanada.

Por ke ili manĝu - para que ellos coman.

Antaŭ ol ni disiru - antes que nos separemos.

Enhavi - contener.

Enteni - contener asiendo, sujetando el contenido (*Teni* - tener, asir, *havi* - poseer).

16-A LECIONO

- Diru al mi, sinjoro; ĉu **vi** estas la instruisto?
- Ne, sinjoro, mi estas lernanto.
- Jes, vi estas persono kiu lern**as**, vi estas **lernanto**.

Antaŭ tri monatoj vi diris: "Mi lern**os** Esperanton", tiam vi est**is** lern**onto**.

Kaj post du aŭ tri monatoj vi diros: "Mi lern**is** Esperanton", tiam vi est**os** lern**into**.

Ni ankaŭ povas diri: vi est**as lernanta homo**, vi est**is lernonta homo**, vi est**os lerninta homo**.

Tiel la persono kiu prezidas estas la prezidanto, la persono kiu amas estas amanto.

- Pardonu, sinjoro, sed ankoraŭ mi ne tute komprenas...
- La **participoj** ne estas malfacilaj.

Bonvolu, observi la jenajn **ekzemplojn:**
Petro estas homo tre **akurata**. Li ĉion faras en la ĝusta momento. Ĉiutage je la kvina horo, Petro trinkas tason da teo. Ni iru ĝis la kafejo, kie Petro **kutimas** trinki sian teon kaj observu.

Estas kvin antaŭ la kvina.
Sur la tablo estas taso kun kulereto, tekruĉo kaj sukerujo.

La teo estas en la tekruĉo (=teujo).
Petro trinkas la teon.

Petro ESTAS TRINKONTA **la teon.**

Estas ĝuste la kvina.
La teo estas en la taso. Petro trinkas ĝin.
Petro ESTAS TRINKANTA **la teon.**

Jam estas dek kvin post la kvina.
La taso estas malplena. Petro jam trinkis la
teon.
Petro ESTAS TRINKINTA **la teon.**

Se morgaŭ ni denove observos Petron en la
kafejo ni vidos, ke je la kvara kaj kvindek kvin.
Li ESTOS TRINKONTA la teon.

Je la kvina
Li ESTOS TRINKANTA **la teon.**

Je la kvina kaj dek kvin
Li ESTOS TRINKINTA **la teon.**

Sed hieraŭ mi ankaŭ estis en tiu kafejo kaj vidis, ke kvin mi-
nutoj antaŭ la kvina
Petro ESTIS TRINKONTA **la teon.**

Je la kvina
Petro ESTIS TRINKANTA **la teon.**

Je la kvina kaj dek kvin
Petro ESTIS TRINKINTA **la teon.**

Petro trinkas la teon kaj la teo estas trinkata.

Hieraŭ je la kvara kaj kvindek kvin
La teo ESTIS TRINKOTA **de Petro.**

Je la kvina

La teo ESTIS TRINKATA **de Petro.**
Je la kvina kaj dek kvin
La teo ESTIS TRINKITA **de Petro.**

Nun je la kvara kaj kvindek kvin
La teo ESTAS TRINKOTA **de Petro.**

Je la kvina
La teo ESTAS TRINKATA **de Petro.**

Je la kvina kaj dek kvin
La teo ESTAS TRINKITA **de Petro.**

Kaj morgaŭ je la kvara kaj kvindek kvin
La teo ESTOS TRINKOTA **de Petro.**

Ĝuste je la kvina
La teo ESTOS TRINKATA **de Petro.**

Je la kvina kaj dek kvin
La teo ESTOS TRINKITA **de Petro.**

La trinkota teo estas ankoraŭ en la teujo.
La trinkata teo estas en la taso.
La trinkita teo ne plu estas en la taso; ĝi estas en la stomako de Petro (la trinkinto).

Ĉu je la 5-a Petro estas trinkinta la teon?
Ĉu je la 6-a la teo estas ankoraŭ trinkota de Petro?
El kio estas faritaj viaj ŝuoj?

Lernonto aĉetas libron.
Lernanto uzas libron.
Lerninto metas la libron en la bibliotekon kaj portas sur la brusto la verdan stelon.

Amonto rigardas la fraŭlinon, esperas.
Amanto razas sin ĉiutage skribas **parfumitajn** leterojn, vidas ĉion **rozkolora.**
Aminto ĵetas leterojn klaj **portretojn** en la fajron.

Hieraŭ mi estis sidanta antaŭ mia skribotablo. Mi jam estis lerninta la 15-an lecionon de mia lernolibro kaj estis skribanta **leteron** al mia frato, kiam Petro eniris en la ĉambron.

- Kiel vi fartas? - Li diris. La vetero esats agrabla. Ĉu vi volas promeni kun mi tra la parko?
- Jes, kial ne? La leteron mi skribos vespere - mi respondis.

Mi surmetis mian jakon kaj ni foriris kune.

Dum ni estis marŝantaj sur la strato li klarigis al mi la **koncerton**, kiun ni estos aŭskultontaj. Tiu koncerto jam estis **ludita** en la pasinta dimanĉo, sed pro la **sukceso** ĝi estos ripetata (reludata) hodiaŭ.

En la parko ni vidis la statuon de Mendoza, la **fondinto** de Buenos Aires.

En aliaj urboj estas monumentoj al Zamenhof, la **kreinto** de Esperanto.

Multaj promenantoj ĝuis la belan veteron.

En la koncertejo jam multaj ĉeestantoj sidis. La ludontaj muzikistoj estis jam kun siaj instrumentoj.

Dum la koncerto la aŭskultantoj silentis.

Kiam ni revenis hejmen la suno estis malaperanta ĉe la horizonto.

Kaj ĉu mi diru al vi sekreton? La leteron, kiun mi estis skribonta al mia frato mi ne skribis; ĝi estas ankoraŭ skribota.

Kion mi estis faranta, kiam venis Petro?

Kion diris Petro dum ni estis marŝantaj?

Kien ni iris? Kion ni vidis tie?

Kiu estis Mendoza? Kiu estis Zamenhof?

Kiu sidis en la koncertejo?

Kion faras la aŭskultantoj?

Nun vi povas kompreni la signifon de la vorto Esperanto.
D-ro Zamenhof ne subskribis sian unuan libron per sia no-
mo, sed per **pseŭdonomo** "D-ro Esperanto", **t.e.** (tio estas),
la doktoro kiu esperas, kiu havas esperon.

VOCABULARIO

EKZEMPLO	EJEMPLO	**KREI**	CREAR
KONCERTO	CONCIERTO	**PETI**	PEDIR, ROGAR
LETERO	CARTA	**PREZIDI**	PRESIDIR
PARFUMO	PERFUME	**SUKCESI**	TENER ÉXITO
PORTRETO	RETRATO	**KLARIGI**	ACLARAR, EXPLICAR
AKURATA	PUNTUAL	**T. E.** (TIO ESTAS)	ESTO ES, ES DECIR
FONDI	FUNDAR	**BONVOLU**	TENGA UD. A BIEN, HAGA UD. EL BIEN, POR FAVOR
KUTIMI	TENER LA COSTUMBRE	**MI PETAS**	LE RUEGO, POR FAVOR

LA INSTRUISTO PAROLAS

PARTICIPIO ACTIVO - ANTA, INTA, ONTA. En castellano
el participio ("participa" del verbo y del adjetivo) es un adje-
tivo. En Esperanto, el participio podrá ser adjetivo, sustantivo
o adverbio. Pero a pesar de ser mayores en Esperanto las
posibilidades del participio, éste es mucho más simple que
en cualquier lengua nacional.

El modo que sigue sirve para todos los verbos:

Mi parolas - yo hablo
Mi parolis - yo hablé
Mi parolos - Yo hablaré

Mi estas parolanta - Yo estoy hablando
Mi estis parolanta - Yo estaba hablando

Mi estos parolanta - Yo estaré hablando

Mi estas parolinta - Yo he hablado
Mi estis parolinta - Yo había hablado
Mi estos parolinta - Yo habré hablado

Mi estas parolonta - Yo he de hablar; yo estoy por hablar
Mi estis parolonta - Yo hube de hablar, yo estaba por hablar
Mi estos parolonta - Yo habré de hablar, yo estaré por hablar

En castellano usamos las formas compuestas a menudo sin verdadera necesidad: ¿Qué está haciendo Ud.? En lugar del simple: ¿Qué hace Ud.? En Esperanto preguntamos *Kion vi faras?* Y no *Kion vi estas faranta?*, es decir, que no se usarán las formas compuestas más que cuando sea necesario; cuando sea preciso relacionar dos hechos en el tiempo.

Compare: Cuando yo entré él estaba comiendo
Cuando yo entré él estaba por comer
Cuando yo entré él había comido

Kiam mi eniris li estios manĝanta
Kiam mi enirios li estis manĝonta
Kiam mi eniris li estis manĝonta

Lo mismo es para los otros tiempos: Yo cantaré mañana - *Mi kantos morgaŭ.* Yo estaré cantando cuando entre Pedro - *Mi estos kantanta kiam Petro eniros.*

El participio sustantivo también puede usarse en los distintos tiempos: La frase: "Él es el constructor" puede ser, según los casos:

Li estas la konstruanto - el que construye
Li estas la konstruinto - el que construyó
Li estas la konstruonto - el que construirá

Saluton. Cezaro, la mortontoj vin salutas

PARTICIPIO PASIVO - ATA, ITA, OTA.

Es el que indica que una persona o cosa sufre la acción del verbo: carta escrita, pan comido, hombre castigado.

En Esperanto el participio pasivo se forma con las terminaciones *ata - ita - ota.*

La domo estas	*Konstruata* la casa es (está siendo) construida *Konstruita* la casa ha sido construida *Konstruota* la casa está por ser construida
La domo estis	*Konstruata* la casa era construida *Konstruata* la casa había sido construida *Konstruota* la casa estaba por ser construida
La domo estos	*Konstruata* la casa será construida *Konstruita* la casa habrá sido construida *Konstruota* la casa estará por ser construida

Nótese que los participios pasivos se usan en Esperanto con una mayor precisión que en cualquier lengua nacional:

Konstruata domo es una casa por construirse (*-ota*), de la cual tenemos solo los planos. *Konstruata domo,* es una casa que se está construyendo (*-ata*), y *Konstruita domo,* es una casa ya construida, terminada (*-ita*). *Domo konstruata el brikoj* es una casa que se está construyendo con ladrillos. *Domo konstruita el brikoj* es una casa (ya) construida con ladrillos.

Y con esto ya hemos visto las 12 formas del verbo con que el Esperanto reemplaza con ventaja las miles de formas que el español necesita.

Vi jam konas la historion: "Petro amas Marian kaj Maria amas Petron".

Ili amas unu la alian.
Ili amas sin reciproke.

Petro iris ĉe **ĵueliston** kaj aĉetis du **orajn** ringojn (=ringoj el oro), kaj petro fariĝis **fianĉo** kaj Maria fariĝis fianĉino. Ili **gefianĉiĝis** (ge = li + ŝi).

La gefianĉoj estas **strangaj** homoj kaj ili **agas** strange.
Fianĉo iras ĉiam elegante vestita kaj **zorge** kombita kaj razita, kaj faras multajn **donacojn** al sia fianĉino - florojn, bombonojn, ĵuvelojn - kaj ofte **invitas** ŝin al kinejo aŭ teatro. Kaj ĝuste tion ankaŭ faras Petro.

Bedaŭrinde ofte ankaŭ venas la patrino aŭ la frateto de Maria. La patrino malŝatas la plenajn aŭtobusojn kaj preferas veturi per **taksioj** (= taksiaŭtoj) kaj la frateto ĉiam **elektas** la plej karajn **glaciaĵojn**.

Matria ankaŭ faras donacojn al Petro. Ŝi faras strangakolorajn kravatojn por sia amato. Sed ili estas feliĉaj kaj ŝatas promeni kun la mano en la mano sub la luno, aŭ **prefere** sen luno...

En unu bela tago Petro kaj Maria staris antaŭ la **pastro** kaj fariĝis **edzo** kaj **edzino**. Ili fariĝis geedzoj (= geedziĝis).

La patrino de Maria estas nun la **bo**patrino de Petro, kaj la kara frateto nun fariĝas la **bo**frato de Petro.

Post kelke da tempo la **cikonio** faris viziton al la hejmo de Petro. Nun la gepatroj de Petro kaj Maria fariĝis **avoj**, ĉar ili havas novan **nepon**. Kaj la frato de Petro nun estas lia **onklo**. La juna Petreto estas lia **nevo**. Kaj la filoj de la frato de Petro estas kontentaj, ĉar ili ricevis tute novan **kuzon**.

Ho, la familio!

Sed ne nur la homoj geedziĝas, ankaŭ la bestoj tion faras. La koko havas multajn edzinojn. Sed ĝi estas feliĉa, ĉar ili jam estas vestitaj de la naturo mem.

La filojn de la koko ni nomas la **kokidoj**.

Juna ĉevalo estas ĉevalido. La rondetaj rozkoloraj **idoj** de la porko estas la porkidoj.

Vi memoras ke mi estis skribonta leteron al mia frato kiam envenis Petro.

La leteron mi skribis kaj **sendis** en la posta tago.

La skribitan leteron mi metis en **koverton** (= mi enkovertigis), skribis la **adreson, gluis** la **poŝtmarkojn** sur la koverton kaj fermis la koverton.

Mi iris al la poŝtoficejo (= poŝtejo) kaj metis la leteron en **leterkeston** (= mi enpoŝtigis la leteron). Kaj nun mi atendas la respondon.

Leterportisto disportas la leterojn.

Kion mi faris per la skribita letero?

Ĉu vi ŝatas ricevi leterojn de viaj amikoj?
Ĉu vi akurate respondas?
Ĉu vi kolektas poŝtmarkojn?
Ĉu vi estas filatelisto?

1-a akto

S-ro direktoro sidas sur komforta seĝo antaŭ sia skribotablo. En la ĉambro estas nur unu seĝo, tamen la **ĉarma**, blonda oficistino ankaŭ sidas kaj skribas.

La direktoro estas feliĉa.

2-a akto

La adzino de la direktoro eniras. Ŝi estas nek ĉarma nek blonda; ŝi estas furioza.

La fraŭlino ne **plu** sidas.

La direktoro ne **plu** estas feliĉa.

Epilogo - laŭ via **plaĉo**.

Kio okazos poste, morgaŭ?

Morgaŭ la edzino batos la edzon.

Morgaŭ la direktoro **maldungos** la oficistinon. (Ĉu tio estus **justa**?).

Morgaŭ la sinjoro aĉetos belan juvelon por la edzino.

Kiu fino estas ĝusta, laŭ via opinio?

Ĉu vi havas fantazion? Ĉu vi plaĉis la vi la dramo?

Kion vi **estus farinta** en simila kazo?

Ĉu vi estus forkurinta?

Verku alian epilogon.

ADRESO	DIRECCIÓN, DOMICILIO	**RECIPROKA**	RECIPROCO
AKTO	ACTO (TEATRAL)	**SIMILA**	SIMILAR
AVO	ABUELO	**STRANGA**	EXTRAÑO, NO COMÚN
CIKONIO	CIGÜEÑA		
EDZO	ESPOSO	**APOGI**	APOYAR
FIANĈO	NOVIO	**DONACI**	REGALAR, DONAR
GLACIO	HIELO	**DUNGI**	EMPLEAR
GLUO	COLA DE PEGAR	**MALDUNGI**	DESPEDIR
JUVELO	JOYA	**ELEKTI**	ELEGIR
KESTO	CAJA, CAJÓN	**INVITI**	INVITAR
KOVERTO	SOBRE	**KOLEKTI**	COLECCIONAR, REUINIR
KUZO	PRIMO	**PREFERI**	PREFERIR
NEPO	NIETO	**SENDI**	ENVIAR
NEVO	SOBRINO	**GLACIAĴO**	HELADO (COSA HECHA DE HELADO)
ONKLO	TIO	**LETERKESTO**	BUZON (CAJA PARA CARTAS)
ORO	ORO	**KION VI ESTUS FARINTA?**	¿QUÉ HABRÍA HECHO UD.?
PASTRO	SACERDOTE		
POŜTO	CORREO		
POŜTMARKO	SELLO DE CORREO		
RINGO	ANILLO		
ĈARMA	ENCANTADOR		
JUSTA	JUSTO		

LA INSTRUISTO PAROLAS

ILI AMAS UNU LA ALIAN = ILI AMAS SIN RECIPROKE.

Cuando la acción es recíproca o mutua se usan estas formas.

El sentido de "él se hirió" es claro, pero "ellos se hirieron" puede significar que cada uno de ellos se hirió (en un accidente), o que se hirieron entre sí, recíprocamente (en un combate).

Para evitar esta ambigüedad es que diremos en Esperanto: *ili sin vundis en akcidento* (= *ĉiu el ili sin vundis* - cada uno de ellos se hirió) y *ili sin vundis reciproke o ili vundis unu la alian* - se hirieron mutuamente.

Sólo como licencia poética podrá encontrarse: *La dentoj mordas la langon, tamen ambaŭ sin amas* - los dientes muerden la lengua, y sin embargo se aman.

GE - este prefijo tiene la virtud de reunir a los dos sexos: *miaj gepatroj* - mis padres (=mi padre y mi madre), *lernejo por geinfanoj (= geinfanma lernejo)* - escuela mixta (para niños y niñas), *ili geedziĝis* - ellos se casaron (se hicieron esposo y esposa).

BO - este prefijo indica el parentesco político, resultante del matrimonio- *Bopatrino* - suegra, *bofilo* - yerno, *bofrato* - cuñado, *boparencoj* - parientes políticos.

-ID es sufijo que señala el descendiente, el cachorro, el pichón: *koko* - gallo, *kokido* - pollo, *porkido* - lechón, *Izraelido* - israelita (descendiente de Israel). *Ido* es hijo, descendiente. *Johano loĝas tie kun sia vasta idaro* - Juan vive allí con su vasta prole.

LAŬ - según, conforme con: *agu laŭ via plaĉo* - abre según su gusto. *Laŭ mia horloĝo estas la oka* - según mi reloj son las ocho. *Mi marŝis laŭlonge de la fervojo* - yo caminé a lo largo del ferrocarril, *laŭlarĝe* - a lo ancho.

PLU - más - con sentido de duración en tiempo o espacio: *mi ne laboras plu* - yo no trabajo más, *kion plu vi scias?* - ¿qué más sabe? *Trinku unu pluan taseton* - beba una tacita más. *Kaj tiel plu (= ktp)* - y así más (= etcétera).

ŜATI - PLAĈI. Ya conocemos bien el verbo *ŝati*. Es verbo transitivo y señala nuestro gusto personal, subjetivo. *Tiu domo estas plaĉa sed mi ne ŝatas ĝin* - esa casa es agradable (= placentera) pero a mi no me gusta.

PLAĈI es verbo intransitivo y significa agradar, ser agradable en su cualidad placentera: *tio plaĉas al mi* - eso me gusta (me agrada). *Plaĉa muziko* - música placentera. *Kiel plaĉas al vi la ĝardeno?* - ¿Cómo encuentra el jardín?

VERKI es componer o escribir obras literarias, musicales, etcétera: *verki libron* - escribir (componer) un libro, *verkisto* - un escritor, *teatra verko* - obra teatral. *Leteron mi skribas sed rakonton mi verkas.*

ZORGI es cuidar de algo, preocuparse por algo: *ne zorgu pri mi!* - no se preocupe por mi! *Pli zorgas unu patrino pri dek infanoj ol dek infanoj pri unu patrino* - cuida más una madre de diez hijos (niños) que diez hijos de una madre. *Zorge farita* - cuidadosamente hecho. *Senzorga* - descuidado, despreocupado.

AGI es obrar, actuar: *agi juste* - obrar justamente (con justicia), *justa ago* - acción justa. *Zorgu pri viaj agoj!* - ¡Cuidado con lo que hace!

ORACIÓN PASIVA. Podemos usar también nuestro conocimiento de los participios para verificar si un verbo debe o no ser seguido por el acusativo.

Sea la oración:
Petro manĝas panon - Pedro come pan.

Si la oración puede ser vuelta por pasivo, será transitiva: irá seguida de **-n**.

La pano estas manĝata de Petro. El pan es comido de Pedro.

Probemos con: *Petro kuŝas sur la lito* - Pedro yace sobre la cama.

Vemos que si tratamos de ponerla en forma pasiva, la oración pierde su sentido. Se trata, pues, de una oración intransitiva.

La pano estas manĝata de Petro. Vemos que después de la forma pasiva usamos *de* para designar al agente, al que hace: *Esperanto estas lingvo kreita de Zamenhof* (*kreita* porque está ya creada, terminada de crear).

Rozkolora es color de rosa. Y del mismo modo se forma *violkolora* - color violeta, *oranĝkolora* - color anaranjado, *citronflava* - amarillo limón.

Ludi es jugar (*ludilo* - juguete). Pero lo mismo que en inglés y francés, este verbo significa, además, interpretar un papel teatral - *ludi teatran rolon*, y tocar un instrumento - *ludi pianon*.

Vojaĝante (=dum oni vojaĝas) oni lernas. Tio estas vera, ĉar vojaĝinte en Bolivio mi multon lernis.

Dum mia restado en tiu lando pluvis kaj pluvadis dum du semajnoj, kaj dum la tuta tempo mi legadis en la ĉambro. Ho, mi multon lernis!

Nur ĝenis min la daŭra **martelado** de iu **forĝisto**, loĝanta apude. Sed ne nur mi legis en tiu hotelo, mi ankaŭ **amuziĝis**, ĉar tie estis sufiĉe da musoj.

Kiam mia kuzino ekvidas (=subite vidas) muson ŝi ektimas (=subite timas), eksaltas kaj ekploras - Kaj mi ekridas.

Ĉu vi parolas dormante?
Ĉu vi ŝatas longajn paroladojn?
Kion vi faras dum longa pluvado?
Ĉu vi facile ekridas aŭ ekploras?

BIFSTEKO KUN FUNGOJ

S-ro Smith estas anglo. Ĉu vi cias kio estas anglo?
—Jes, mi scias; anglo estas sinjoro kiu **fumas pipon**, legas la Biblion, kaj ne ŝatas lerni fremdajn lingvojn.
S-ro Smith ja estis vojaĝema. Tial ke (=ĉar) en Londono la vetero estas malagrabla dum la vintro, nia amiko per aeropalano veturis suden, al la sunplena Valencio, en **Hispanujo**. Li gaje promenadis tra la urbo, admirante la oranĝarbojn, kaj la belajn brunulinojn, sed ekvidinte restoracion li eksentis apetiton.

"Por festi tiun ĉi belan tagon mi mendos mian preferatan manĝon: Bifstekon kun **fungoj**", diris S-ro Smith. Li eniris la restoracion, sidis ĉe tablo kaj **vokis** la kelneron. S-ro Smith tuj mendis - Anglalingve - (=en la angla lingvo), kompreneble - bifstekon kun fungoj. La kelnero ridetis, se ne komprenis. Tiam S-ro Smith ekhavis brilan ideon. Li prenis paperon kaj krajonon kaj **desegnis** sian mendon tiel:

La kelnero prenis la papereton kaj foriris. Farinte sian mendon S-ro Smith observis la manĝejon. Blanka tablotuko kovris la tablon. Sur ĝi estis **telero, forko**, kulero, tranĉilo, buŝtuko, **glaso**, vinbotelo, **kruĉo** kun akvo kaj **pankorbo**. La tuta manĝilaro estis pura.

Ĉe la apuda tablo sidis tri manĝantoj. Unu manĝis **viandrostaĵon** kun **terpomoj** kaj **legomoj**, la dua manĝis **bakitan kokidon** kun salato, la tria jam estis manĝanta la **deserton**: kukojn kaj fruktojn. Laŭ la aspekto ili **ŝajnis fremduloj**.

Sed nia anglo jam estis perdanta sian **paciencon** (=li jam senpacienciĝis), tiam, post 20 minutoj, fine revenis la kelnero. Ĉu li alportis la deziratan manĝaĵon? - Tute ne! **Anstataŭ** tio, en unu mano li portis **pluvombrelon** kaj en la alia enirbileton por la **taŭrobatalo**!

S-ro Smith ne lasis **trinkmonon** por la kelnero...

Kie loĝis S-ro Smith? Kien li veturis?
Kial li forveturis? Ĉu li veturis bicikle?
Kion li admiris? Kion li tre ŝatis?
Ĉu vi fumas pipon?
Ĉu S-ro Smith parolis hispane? Kion li faris?
Ĉu la desegno estis komprenebla?
Kio estis sur la manĝotablo?

Ĉu la kelnero tuj revenis? Kion li alportis **anstataŭ** la menditan manĝaĵon? Ĉu S-ro Smith estis feliĉa?

Kion vi estus farinta en tiu okazo?

La filo de Petro ankaŭ nomiĝas (=estas nomita) Petro, sed la gepatroj nomas lin **Peĉjo**. La nomo de la filino estas Sofia, sed la gepatroj nomas ŝin **Sonja**. Kaj Peĉjo kaj Sonja nomas sian patron **paĉjo**, kaj sian patrinon **panjo**.

Ĉu ankaŭ oni nomas vin per karesa nomo – "Pepe", "Paco", "Maruja"?

La patro de Maria estas la avo de la eta Petro, sed la avo de Maria, kio estas?

- Li estas la **praavo** (=patro de la avo) de eta Petro (=Peĉjo) kaj Peĉjo estas lia **pranepo**.

La unuaj homoj sur al tero estis niaj prapatroj aŭ prauloj. Ili vivis en la pratempo. En Ameriko estas ankaŭ grandaj ne bone konataj praarbaroj.

Ĉu vi havas vivantan praavon?
Ĉu niaj prapatroj estis pli feliĉaj ol ni?
Ĉu niaj pranepoj estos pli **saĝaj** (=Prudentaj, inteligentaj), ol ni?

Karlo invitis min ĉeesti festeton ĉe li. Mi demandis lin: "je kioma horo mi devas esti ĉe vi, kaj kiel mi devas vesti min"?

Li respondis: "Ĉe mi vi povas fari ion ajn, babili kun iu ajn. Kiam ajn vi venos mi vin akceptos."

Vivu la libero!

Ĉu vi aŭskultas ian ajn programon en la radio?
Ĉu vi parolas kun iu ajn sur la strato?

LA KORVO KAJ LA VULPO

Jen la fama **fablo** de fama ver-
kisto. Ni rerakontas ĝin ne
versoforme, sed en simpla
prozo.

S-ro Korvo sidis sur **branĉo**
tenante en sia **beko** bonodoran
fromaĝon.

S-ro Vulpo tre malsata **vagadis**
tra la arbaro kaj ekflaris la
odoron de la fromaĝo. Ekvidin-
te la korvon kun la fromaĝo, la
vulpo volis ĝin manĝi, sed ĝi estis tro alta. Sed S-ro Vulpo
estas **ruza** kaj li **flate** ekparolis al la korvo: "Sinjoro Korvo,
kiel bela vi estas! Kiel brila estas via plumaro! Se via voĉo
estus tiel bela kiel via plumaro vi estus la reĝo de l' arbaro!
Kantu, sinjoro korvo, kantu por ke mi aŭdu vian belan
voĉon!"

Aŭdinte tion, la korvo, kiu estis kredema kaj **vantema**, mal-
fermis sian bekon por kanti kaj la bongusta fromaĝo falis en
la buŝegon de sinjoro Vulpo.

"Dankon, diris S-ro Vulpo, kaj estonte ne fidu la flatantojn. Ĉi
leciono tamen, valoras fromaĝon"

"Ju pli oni vivas, des pli oni lernas" - **grumblis** la korvo.

Kie vagadis la korvo? Ĉu la korvo bele kantas? Kia estas la
vulpo?

Kial la korvo malfermis al bekon? Ĉu la korvo agis saĝe?

BRANĈO	RAMA	**FLATI**	ADULAR
DESERTO	POSTRE	**FORĜI**	FORJAR
FORKO	TENEDOR	**GRUMBLI**	GRUÑIR
FROMAĜO	QUESO	**ĜENI**	MOLESTAR
FUMO	HUMO	**KARESI**	ACARICIAR
FUNGO	HONGO	**KRII**	GRITAR
KORBO	CESTA	**VAGI**	VAGAR
KORVO	CUERVO	**VOKI**	LLAMAR
KRUĈO	JARRA	**FREMDA**	EXTRANJERO, EXTRAÑO
MARTELO	MARTILLO	**FREMDULO**	FORASTERO
PACIENCO	PACIENCIA	**PLUVOMBRELO**	PARAGUAS
PIPO	PIPA	**SUNOMBRELO**	SOMBRILLA
REĜO	REY	**TERPOMO**	PAPA, PATATA
SALATO	ENSALADA	**TAŬROBATALO**	CORRIDA DE TOROS
TELERO	PLATO	**TRINKMONO (=MONO POR TRINKI)**	PROPINA
VULPO	ZORRO	**SAĜA**	JUICIOSO, SENSATO, SABIO
RUZA	ASTUTO	**SAĜECO**	SABIDURÍA, BUEN SENTIDO
VANTA	VANIDOSO	**MALSAĜA**	INSENSATO, LOCO
AMUZI	DIVERTIR	**SAĜULO**	UN HOMBRE SABIO, SENSATO
DAŬRI	DURAR		
DESEGNI	DIBUJAR		

LA INSTRUISTO PAROLAS

-ANTE, -INTE, -ONTE. Los participios adverbios corresponden al gerundio en castellano, que termina en -ando, -endo o -iendo.

El participio adverbio no se usa en los tiempos compuestos.

Manĝonte mi eniris la restoracion - habiendo de comer entré en el restaurante, *manĝante mi legis la ĵurnalon* - comiendo leí el diario, *manĝinte mi pagis kaj foriris* - habiendo (ya) comido, pagué y me marché.

La forma pasiva (-ate, -ite, -ote) es de uso poco frecuente. *Li vizitis min neatendite* - él me visitó inesperadamente. *Estis skribite* - estaba escrito.

KIEL AJN es de cualquier modo, *kiu ajn* - cualquiera, *kiam ajn* - en cualquier momento, *io ajn* - cualquier cosa, *kie ajn* - en cualquier parte, *ktp.* La partícula *ajn* "indefine".

AD expresa la acción: *krono* - corona, *kronado* - coronación; acción continuada: *pafo* - tiro, *pafado* - tiroteo; nombre de acción: *uzi* - usar, *uzado* - el uso, *naĝado* - natación, *kantado* - el canto.

EK - señala comienzo de acción o acción breve: *vidi* - ver, *ekvidi* - percibir, *ekmarŝi* - echar a andar.

PRA - es prefijo que señala lo primitivo, el parentesco distante en el tiempo: *pratempo* - tiempos primitivos, *praulo, prapatro* - antepasado, *praavo* - bisabuelo, *pranepo* - bisnieto. *Praa* - primitivo.

-ĈJ, NJ son sufijos con los ue se forman los diminutivos cariñosos, masculinos y femeninos, respectivamente y se colocan detrás de las primeras letras del nombre, abreviándolo: *patro* - padre, *paĉjo* - papá, *panjo* - mamá, mamita, *Jozefo* - José, *Joĉjo* - Pepe.

Este es el único caso en que se altera una raíz en Esperanto (*panjo*). Porque el uso de nombres íntimos y cariñosos es voluntario y escapa a toda regla.

En la literatura de Esperanto se encontrarán los mismos nombres femeninos con terminación "a" u "o": *Sofia = Sofio, Sonja = Sonjo.*

JU PLI, DES PLI es cuanto más, tanto más: *ju pli da suno, des pli da sano* - cuanto más sol, más salud, *ju pli oni vivas, des pli oni lernas* - cuanto más se vive, más se aprende.

DE L'. En Esperanto puede suprimirse la "a" final del artículo después de preposición terminada en vocal, o antes de palabra que comience en vocal: *de l' amo* (=de la amo). Pero esta elisión sólo se usará en poesía o, muy excepcionalmente, en prosa.

19-A LECIONO

NI VETRURAS AL ESPERANTO-KONGRESO

Veturonte al Kongreso, Petro kaj Maria **renkontas** Karlon antaŭ la fervoja stacidomo.

Petro - Rapidu, samideano, vi marŝas **kvazaŭ** vi havus multe da tempo!

Karlo - Pardonu, sed mi ne kulpas. **Kvankam** mi dormis nur du horojn mi frue leviĝis kaj devis **adiaŭi** (=diri adiaŭ) miajn parencojn.

P. - Ĉu vi estas sola? **Krom** vi, ĉu neniu alia samideano venas?

K. - Krom mi ankaŭ venis Antono kaj Rodolfo. Ĵus ili iris al la **informejo**. Jam ili parolas kun la staciestro. Krome, Julio diris al mi hieraŭ, ke **bedaŭrinde** li ne venos, ĉar li estas malsana. La **plimulto** veturas per aŭtobusoj.

P. –Venu, Maria, jen nia **vagono**. Ni envagoniĝu. Per nia bileto ni **rajtas** kunporti nur negrandan **valizon** kaj **pakaĵon**.

M. –**Ĝustatempe** (=en la ĝusta tempo) ni alvenis. La **lokomotivo fajfas** kaj la trajno (=vagonaro) ekmoviĝas.

K. – Ĉu vi scias, ke la lokomotivo estas tre demandema?

P. –Ĉu...?

K. –Jes, ĝi ĉiam diras "ĉu, ĉu, ĉu..."

P. –Hm... tre **sprita** vi estas hodiaŭ. Sed ĝi povas esti ankaŭ dubema.

K. –Tion mi ne bone komprenas.

P. –Krom montri demandon, la vorteto ĉu ankaŭ montras dubon: "Mi dubas ĉu li venos", "mi ne scias ĉu vi komprenas".

K. –Dankon pro la informo, sed rigardu! Ni jam veturas **ekster** la **ĉefurbo**. Vidu nun tiun "popolon" kun blankaj dometoj...

P. –Ne diru "hispana ĵojn"; tio estas vilaĝo; la popolo estas la loĝantaro. La esperanta popolo loĝas dise tra la vasta mondo. Mi vidas, ke ankaŭ vi faras erarojn, Karlo. Dum la veturo ni povas iom **praktiki** la lingvon.

M. –Vi **pravas**, ni praktiku! Ni **nepre** devas paroli en flua kaj korekta Esperanto. Anstataŭ babili ni lernu. En mia **notlibro** estas kelkaj notoj kaj gramatikaĵoj, kiujn mi ne tute bone komprenas, **malgraŭ** tio, ke mi lernis ilin.

P. –Ni vidu viajn notojn. Kompreneble, vi lernis la lingvon, sed ne **ellernis** (=finlernis) ĝin.

K. –Do, bonvolu klarigi al mi la signifon de la sufikso **op**.

P. –Mi klarigos per **ekzemploj**: "Sur la mallarĝa vojeto ni devis marŝi **unuope**" (=unu post unu). "Kiam ni venis al la lago la **moskitoj** milope sin **ĵetis** sur nin". Vidu tie, super la kamparo, la aeroplanoj flugas triope.

M. –Klarigu, mi petas, la prepozicion **po**.

P. –"Tiu ĉi libro konsistas el dudek lecionoj; se vi lernus **po** unu leciono ĉiutage, post dudek tagoj vi estus **tralerninta** la tutan kurson". "Mi aĉetis dekduon da oranĝoj, kaj al ĉiu el la ses infanoj mi donis **po** du oranĝoj".

K. –Dankon, Petro, mi bone **profitas** la vojaĝon. Sed ni devas ankaŭ **ĝui** la rapide **preterpasantan** pejzaĝon. La suna **moŝto** jam alte brilas **super** la kamparo.

M. –Rigardu tiun viron sidanta **kontraŭ** ni. Li trinkas ion el la botelo.

P. –Li ne trinkas, sed drinkas: rigardu nur lian **nazaĉon**! Fi! Kia homo!, mi ne drinkas: mi estas kontraŭalkoholisto.

K. –Se vi jam uzis la sufikson -**aĉ** kaj la prefikson **fi**-, bonvolu klarigi la **diferencon** inter ambaŭ.

P. –Ĉu vi komprenas la vortojn **libraĉo, popolaĉo**? Rigardu tra la fenestro tiun malbelan, malpuran domon; ĝi estas domaĉo. Ĝi estas fizike malbona. Alia domo estas tre bonaspekta, sed la **moralo** de ĝia loĝantoj ne estas tre pura; vere ĝi estas **fidomo**. **Fiulo** estas senmorala persono, morale malbona (=**fripono**).

K. –Nun mi komprenas. Sed kie estas Antono kaj Rodolfo? Mi
iros **serĉi** ilin.

Demandoj

Kial la samideanoj veturas?
Kial Karlo malfruiĝis?
Kiuj venis krom Petro kaj Karlo?
Per kio ili veturas? Kien ili iras?
Ĉu vi ofte veturas per trajno? Ĉu vi ŝatas veturi sen bileto?
Kion diras Antono?
Kion li farus anstataŭ babili?
Ĉu Karlo estas perfekta esperantisto?
Se vi estus lerninta Esperanton antaŭ dek jaroj, kia esperan-
tisto vi estus nun?
Ĉu vi vizitos Kongreson de Esperanto?
Ĉu vi legas esperantan literaturon?
Ĉu vi trinkas ian ajn vinaĉon?
Ĉu vi, fraŭlino, vizitas drinkejon?
Ĉu vi ankaŭ praktikadas Esperanton kun viaj amikoj?
Ĉu vi loĝas en la ĉefurbo? Ĉu vi ŝatus flue paroli en Esperan-
to? Kio fluas sub la ponto? Kiujn volas serĉi Karlo?

VOCABULARIO

ĈEFO	JEFE	**ADIAŬ**	ADIOS
EKZEMPLO	EJEMPLO	**ADIAŬI**	DECIR ADIOS, DESPEDIRSE
LOKOMOTIVO	LOCOMOTORA	**AMBAŬ**	AMBOS
NOTO	NOTA	**ANSTATAŬ**	EN LUGAR DE
PONTO	PUENTE	**ANSTATAŬI**	REEEMPLAZAR
PRAKTIKO	PRÁCTICA	**BEDAŬRINDE**	LAMENTABLE-MENTE
RAJTO	DERECHO	**ĈEFURBO**	CIUDAD CAPITAL
STACIO	ESTACIÓN	**MALGRAŬ**	A PESAR DE, MALGRADO
TASKO	TAREA	**PAKAĴO**	PAQUETE
VAGONO	VAGÓN	**PLENUMI**	CUMPLIR
VALIZO	VALIJA	**PLENUMI**	CUMPLIR CON

PRAVA	QUE TIENE RAZÓN	**SIAN DEVON**	SU DEBER
		PLIMULTO	MAYORÍA
SPRITA	INGENIOSO, CHISTOSO	**VI PRAVAS**	TIENE UD. RAZÓN
DIFERENCI	DIFERENCIAR	**ĈU MI RAJTAS?**	¿PUEDO? ¿TENGO DERECHO?
DUBI	DUDAR	**STACIDOMO**	OFICINA DE LA ESTACIÓN
FAJFI	SILBAR	**NEPRA**	INDISPENSABLE, INELUDIBLE
FLUI	FLUIR	**NEPRE IRU**	VAYA SIN FALTA
ĜUI	GOZAR	**NEPRA DEVO**	DEBER INELUDIBLE
INFORMI	INFORMAR		
ĴETI	ARROJAR		
PAKI	ENPAQUETAR		
RENKONTI	ENCONTRAR (A ALGUIEN)		
SERĈI	BUSCAR		

LA INSTRUISTO PAROLAS

-OP forma los numerales colectivos: *la aviadiloj flugis triope* - los aviones volaban en grupos de tres.

PO es una preposición que indica a razón de, a tanto por: *mi marŝas po ses kilometroj hore* - yo camino a razón de seis kilómetros por hora.

Se usa también como prefijo: *vendi pogrande* - vender por mayor, *podetale* - al detalle, *pogute* - a gotas, por gotas.

-AĈ es sufijo con significado despectivo: *libraĉo* - libraco, *popolaĉo* - populacho. *La ebriulo aĉe insultis lin* - el ebrio lo insultó soezmente. *Aĉa vorto* - palabra grosera, soez.

FI - es prefijo con significado también despectivo, pero refiriéndose al aspecto moral: *fihomo = fiulo* - canalla, *fiagoj* - acciones canallescas. Usado como interjección, *FI* denota desagrado. *Fi!* - Puf!

KROM - aparte de: *krom tio* - aparte de eso, *krom Pedro (ankaŭ) venis Karlo* - además de Pedro (también) vino Carlos, *Krom Petro neniu venis* - a excepción de Pedro no vino nadie. *Krome (= plie)* - además. *Krompago* - pago extra.

KVAZAŬ como si, a guisa de: *li min rigardis kvazaŭ li ne konus min* - él me miró como si no me conociese. *Li demandis kvazaŭ li estus fremdulo* - él preguntó como si fuese un extraño. *Li uzis ŝtonojn kvazaŭ martelon* - él usó una piedra a guisa de martillo.

-ESTR denota autoridad: *staciestro* - jefe de estación, *urbestro* - intendente, alcalde, *laborestro* - capataz- *Estro (=ĉefo)* - jefe. *La estraro de la Kongreso* - las autoridades del Congreso.

DU HOROJN. Para señalas complementos circunstanciales - especialmente los que expresan medida (tiempo, peso, precio, dirección) se puede - siempre que la claridad no se vea afecta- da - reemplazar la preposición respectiva con la terminación "**n**":

> *Mi dormis dum du horoj.*
> *Mi dormis du horojn.*
> *La monto estas alta je 1000 metroj.*
> *La monto estas 1000 metrojn alta.*

La fecha podrá escribirse: *en la 16-a de Septembro, je la 16-a de Septembro* o *la 16-an de Septembro*. Las tres formas son correctas, pero la última es la más empleada.

MOŜTO es título de cortesía en general: *reĝa moŝto* - majestad real, *moŝta suno* - su alteza, su majestad el sol, *la prezidanta moŝto* - su excelencia el presidente. *Moŝtulo* - un personajón.

ELLERNI (=FINLERNI) es aprender a fondo, terminar de aprender. El, usado como prefijo, significa además de la idea de salida (*eliri*), la acción terminada (como si la cosa termi- nada se saliera del material). *Ellabori* - elaborar, *eluzi* - usar hasta el fin, *eluzita pantalono* - pantalón totalmente gastado.

20-a Leciono

(**Daŭrigo** de la 19-a)

Revenas Karlo, akompanata de Antono kaj Rodolfo.

A. – Bonan tagon kamaradoj. Pardonu, ke ni ne tuj venis al vi, sed okazis ke ni iris en la manĝovagonon por matenmanĝi kaj tie ni trovis **eksprofesoron** nian. Li invitis nin sidi ĉe lia tablo. Ni mendis kafon, sed la kelnero **miskomprenis** nin kaj portis al ni teon. Kion fari en tia kazo? Ĉu protesti, ĉu trinki la teon? Ni trinkis la teon. Vidiante nian stelon, la profesoro demandis kion ĝi signifas. Mi klarigis al li la signifon de nia **insigno** kaj donis al li informilon pri Esperanto, kiun mi ĉiam kunportas en mia poŝo. Traleginte ĝin li diris: "Jen intreresa afero kaj **lernenda** lingvo". Mi certe ĉeestos kurson kaj eble mi iros kun kelkaj **kolegoj**.

M. –Post tia klarigo vi estas pardonita. Sed rigardu tiujn du sinjoronojn, tie, dekstre, kiel multajn gestojn ili faras dum ili parolas...

P. –Ili esats **surdmutuloj**, tial ili multe gestas parolante.

M. –Ĉu tio estas ia religio?

P. –Ne, Maria, ne; surdmutulo estas homo surda kaj muta. Surda estas persono kiu ne povas aŭdi kaj persono kiu ne povas paroli estas muta. Al tiuj homoj **mankas sentumo**. Ankaŭ al **blindulo** mankas sentumo, mankas al li vidkapablo.

R. –Rigardu, rigardu! Mi trovis poŝtranĉilon apud la benko. **KIES** ĝi estas? (=al kiu ĝi apartenas?) Ĉu al neniu? Do la persono, kies poŝtranĉilon mi trovis, ne troviĝas ĉi tie. Mi pensas ke per tiu ĉi poŝtrantrilo oni povas bone klarigi la uzadon de al sufikso **um**.

K. –Ĉu jes...?

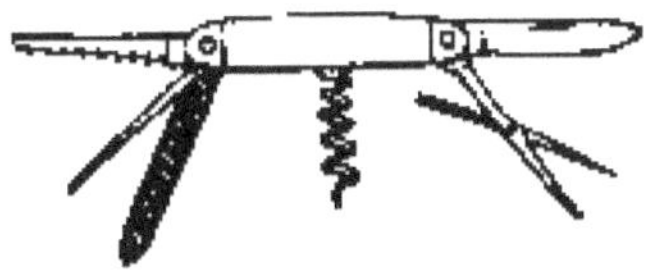

R. –Vidu tiun ĉi poŝtranĉilon. Ĝi havas diversajn ilojn; segilon, borilon, **korkotirilon**, **fajlilon**, tondilon. Ĝi **taŭgas** por diversaj laboretoj, sed vere ĝi estas nek tondilo, nek segilo, nek fajlilo, nek borilo.

La sufikso -**um** iel similas tiajn multuzajn ilojn. Oni uzas ĝin kiam oni ne trovas la ĝustan afikson.

P. –Oni povas diri ankaŭ, ke la sufikso -**um** similas tiujn ĉionfarantajn laboristojn, kiu faras kiajn ajn laborojn, sed ne havas difinitan **metion**. Per la sufikso -**um** oni **amindumas**, **aerumas**, **gustumas**...

A. –Per similaj vortoj oni povus ankaŭ klarigi la uzon de la prepozicio je, kiu ne havas difinitan **sencon**. Ĝi montras ĉefe mezuron: "je la tria", "je kelke da paŝoj"...

K. –Ne plu "gramatikumu", mi petas. Ni rigardu la pejzaĝon. Vidu la riĉan kamparon. Antaŭ unu **jarcento** nur maloftaj **gaŭĉoj** rajdis tra tiuj verdaj **dezertoj**. Nun ĉie **kreskas greno**, kaj **plimultiĝas brutaro** (bovoj, ŝafoj, ĉevaloj, k. s.).

M. –Rigardu tien, jen **ĵusnaskita** bovido (bovino ĵus naskis ĝin) apud sia patrino. Tie aro da **ŝafoj blekas** ĉirkaŭ akvujo. Ili estas **sojfaj**. Ili volas trinki.

P. –La ŝafoj estas **stultaj** kaj malbonodoras... prefere ni aŭskultui anekdoton. Antono, ĉu vi vere ne havas ion novan por rakonti?

PA. –Kial ne? Aŭskultu tiun ĉi:

SENMON KAJ BONHAV

Sinjoro Senmon renkontas la dikan sinjoron Monhav sur la strato, kaj sinjoro Senmon demandas tre ĝentile: "Ĉu vi povas diri al, mi kioma horo estas?" Sinjoro Bonhav **suspekteme** rigardas la demandinton kaj respondas:

"Vi vere ne deziras scii pri la horo; tio estas nur preteksto por ekparoli kun mi; kaj se ni interparolas ni fariĝos amikoj, kaj se ni fariĝos amikoj (=ni amikiĝos) vi vizitos mian hejmon, kaj se vi vizitos mian hejmon tie vi trovos mian filinon Leonora kaj se vi vidos mian filinon vi enamiĝos je ŝi, kaj se vi enamiĝos je ŝi vi petos ŝian manon kaj... Ĉu vi opinias ke mi donos la manon de mia filino al iu sentaŭgulo, kiu **eĉ** horloĝon ne havas!"

P. –Bona anekdoto, Antono, kaj tre **lerte** vi ĝin rakontis. Nun estas via vico, Karlo.

K. –Mi ankoraŭ ne tre flue parolas...

R. –Mia avo diradis: "Nur forĝante oni fariĝas forĝisto". Do, nur parolante oni lernas paroli...

K. –Mi **provos**.

LA FREMDULO KAJ LA VILAĜA BUBO

Fremdulo piedirante en la urbo renkontas **bubon** sur la vojo kaj demandas lin. "Aŭdu, knabo, kien iras tiu ĉi vojo?"

B. –Ĝi iras nenien.

F. –Sed en la vilaĝo oni diris al mi, ke mi **sekvu** ĝin por **atingi** la urbon.

B. –Ho jes, ili pravis.

F. –Do kial vi diras ke ĝi iras nenien?

B. –Jes sinjoro, ĝi iras nenien; ĝi kuŝas tie senmove.

F. –Bone, bone; mi vidas, ke vi estas **lerta**. Kiel vi nomas vin?

B. –Neniel.

F. –Ĉu vi ne havas nomon?

B. –Jes, sinjoro, sed mi ne nomas min; aliaj personoj nomas min.

F. –Bone, kiel via patrino noman vin?

B. —Nu, tio **dependas**. Kelkfoje ŝi diras al mi "mia kara anĝelo", **alifoje** ŝi nomas min "malpura porko"... Nu laŭ la vetero...

F. —(**Fulmotondro!** Estas neeble scii ion pri tiu ĉi bubaĉo!) Diru al mi, knabo, ĉu via familio estas granda?

B. —Vidu, **proksimume** tiel granda kiel tiu de la onklo Peĉjo.

F. —(Ruza diableto) Kiom da personoj estas en via familio?

B. —Ho jes, tiu demando estas pli klara. Ni estas tiom da personoj kiom da teleroj Panjo metas sur la manĝotablon.

F. —Kaj kiom da teleroj Panjo metas sur al tablon?

B. —Unu por ĉiu persono...

F. —!!!!!...

B. —Ĉu vi deziras scii ion pli?"

R. —Sed tio estas tre malnova popolrakonto, Karlo...
Mi rakontos al vi ion tute novan. Mi rakontos sonĝon, kiun mi sonĝis nur hieraŭ:
"Mi troviĝis en stelforma dounluma ĉambrego. Viro aperis kaj diris: "Montru vian **invitilon!**" "Mi ne ricevis", mi respondis. "Do, venu antaŭ la juĝisto", rediris la viro, kaj kondukis min en angulon de la ĉambro, kie sidis kelkaj longbarbaj sinjoroj.

Iu el ili, kiu tre similis al esperanta instruisto, kiu ekzamenis min, demandis per timiga voĉo:

- Kiu estas vi? - Mi estas Rodolfo.
- Kio estas vi? - Mi estas studento.
- Kia estas vi? - Mi estas juna kaj sana.
- Kie vi loĝas? - En Bonaero.
- Kien vi iras? - Al Esperanto-Kongreso.
- Kiam ĝi okazos? - La venontan semajnon.
- Kiom da homoj iros? - Ĉirkaŭ 500.

- Kiel vi iros? - Per trajno.

- Kial vi ne iras piede? - Ĉar miaj piedoj protestos.

- Kies poŝtranĉilon vi trovis? - Ne... nenies.

- Vi mensogas, la poŝtranĉilo ies devas esti - ekkriis la juĝisto. Gardisto, faru truon en lian kapon kaj enmetu en ĝin ĉiujn ies-vortojn. La gardisto elpoŝigis grandan borilon (mi volis forkuri, sed ne povis) kaj ekpikis mian kapon.

Forta **frapo** sur mian kapon vekis min, kaj mi aŭdis la voĉon de mia patrino, kiu diris: "Leviĝu Rodolĉjo, aŭ vi malfruiĝos. Rigardu kian moskiton mi mortigis sur via kapo".

M. –Sed Rodolfo, ĉu vi ne diris ke vi ĵus trovis la poŝtranĉilon?

R. –Jes, sed vi scias ke ofte dum sonĝoj ni antaŭvidas la okazontaĵojn.

A. –Mi volus "antaŭvidi" programon de la Kongreso.

P. –Jen mia:

ESPERANTO-KONGRESO

- PROGRAMO -

Malfermo de la Kongreso
En la Universitato

Laborkunsidoj
en Urba Biblioteko

Teatra Prezentado

Supera Ekzameno

Bankedo

En restoracio

"LA ORA ROSTAĴO"

Ekskursoj

Balo

K. –Bona programo, esats serioza laboro kaj **amuzo**.

P. –Samideanoj, ni baldaŭ atingos la celon. **Verŝajne** kelkaj samideanoj estas jam en la stacidomo por akcepti nin. Ni pretigu niajn valizojn. Karlo, malfermu la fenestron por montri nian verdan **flageton**.

M. –Jam ni envenas la stacidomon. Jen ili estas, niaj karaj samideanoj.

Saluton!

La atendantaj samideanoj kun ĝoja vizaĝo ekkrias.

BONVENON, AMIKOJ!

Vocabulario

BRUTO	BRUTO, GANADO	**FUNKCII**	FUNCIONAR
BUBO	PILLETE, "PIBE"	**KRESKI**	CRECER
FLAGO	BANDERA	**MANKI**	FALTAR
FULMO	RAYO	**RAJDI**	CABALGAR
GAŬĈO	GAUCHO	**SEKVI**	SEGUIR
GRENO	GRANO, CEREAL	**SOJFI**	TENER SED
HAŬTO	PIEL	**SUSPEKTI**	SOSPECHAR
KAZO	CASO	**TIRI**	TIRAR, HACER TRACCIÓN
KORKO	CORCHO	**TAŬGI**	SERVIR, SER APTO
METIO	OFICIO	**IES**	DE ALGUIEN
NEGRO	(UN) NEGRO	**KIES**	CUYO, DE QUIEN
SENCO	SENTIDO (ACEPCIÓN)	**NENIES**	DE NADIE
SENSO (=SENTUMO)	SENTIDO (FACULTAD)	**FULMOTONDRO**	TORMENTA ELÉCTRICA, AQUÍ USADA COMO INTERJECCIÓN: ¡RAYOS Y TRUENOS!
ŜAFO	CARNERO	**VERŜAJNA**	VEROSIMIL

TONDRO	TRUENO	(VER-ŜAJNA) **VERŜAJNE**	AL PARECER DE FORMA VEROSÍMIL
BLINDA	CIEGO	**SENTAŬGULO**	UN INUTIL, UN INEPTO
CERTA	CIERTO, SEGURO	**ALIFOJE**	OTRA VEZ
LERTA	HABIL	**PLIMULTIĜI**	AUMENTAR, MULTIPLICARSE
MUTA	MUDO	**ESTAS VIA VICO**	ES TU TURNO
STULTA	ESTÚPIDO, ESTULTO	**ĴUSNASKITA**	RECIÉN NACIDIO
SURDA	SORDO		
AKCEPTI	ACEPTAR, RECIBIR		
AMUZI	DIVERTIRSE		
ATINGI	ALCANZAR		
BORI	PERFORAR		
FAJLI	LIMAR		
ĈEESTI	ESTAR PRESENTE, ASISTIR		

LA INSTRUISTO PAROLAS

-UM Este sufijo no tiene sentido propio, y se lo usa para derivar palabras cuya relación a la raíz es imprecisa y no puede expresarse por otro afijo. Las palabras terminadas en *-um* deben aprenderse como palabras-raices.

Amindumi - cortejar, *cerbumi* (*cerbo* - cerebro) - cavilar, *foliumi* - hojear, *gustumi* - degustar, *kolumo* - cuello (de camisa o blusa), *krucumi* - crucificar, *proksimume* - aproximadamente, *k.t.p.*

EKS - indica que fue, ex: *eksministro* - exministro, *eksigi* - destituir (convertir a alguien en "ex"), *eksiĝi* - dimitir (hacerse "ex").

MIS - señala lo erróneo, lo inconveniente: *miskompreni* - comprender mal, *misedziĝo* - casamiento equivocado, inconveniente.

-END este sufijo significa que debe ser: *farenda tasko* - tarea que debe ser hecha, *riparenda vojo* - un camino que debe ser reparado, *sekvenda ekzemplo* - ejemplo que debe seguirse.

EĈ, aún, hasta, mismo: *eĉ sur la suno troviĝas makuloj* - hasta en el sol se encuentran manchas. *Mi estis tiel okupita, ke mi eĉ ne manĝis* - yo estaba tan ocupado que ni siquiera comí. *Eĉ ne* - ni aún, ni siquiera. *Eĉ infano faras tion* - hasta un niño lo hace.

Ĵusnaskita es recién nacido, recién dado a luz. *Naski* en Esperanto es verbo transitivo, significa dar a luz. Nacer es *naskiĝi*. *La bovino naskis bovidon* - la vaca tuvo un ternero. *Mi naskiĝis en Ameriko* - yo nací en América.

LECCIÓN COMPLEMENTARIA

LA TERMINACIÓN N tiene tres empleos distintos:

1- Señala el complemento directo del verbo transitivo.

1-a *Ĝi montras la retan komplementon de transitiva verbo.*

Petro batas Paŭlon.

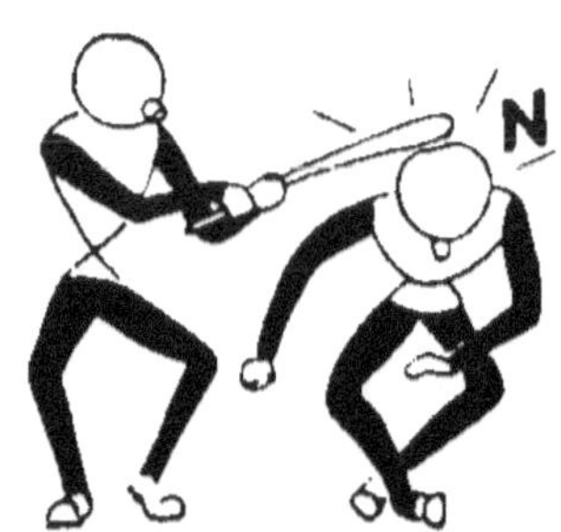

2- Señala el fin de un movimiento.

2-a *Ĝi montras la celon de movo.*

Iru tien. Li falis teren.

Después de preposición que indica movimiento (**al, ĝis**) no irá **n**.

3- Reemplaza una preposición.

3-a *Ĝi anstataŭas prepozicion.*

Li laboris du horojn (= dum du horoj).
Petro alvenis ĵaŭdon (= je ĵaŭdo).
La domo estas 30 metrojn larĝa (= je 30 metroj larĝa).

Siempre que la claridad no se vea afectada, podrá reemplazarse una preposición por la n final. Después de preposición no va acusativo.

En estos ejemplos están empleados los tres oficios de la terminación n: **Petro iris en la ĉambron, malfermis la fenestron kaj kvin minutojn li rigardis. Petro ĵetis la ŝtonon kontraŭ la pordon kaj malproksimiĝis kelkajn metrojn.**

EL ARTÍCULO. El objeto del artículo es aclarar el sentido de la oración, impidiendo que se confunda la cosa a que nos referimos con otra semejante. Por lo tanto, podemos dejar de usar esta palabra cuando no aclara una idea. Será pues correcto decir: **Leono estas besto. Rozo estas floro. Lakto estas pli nutra ol vino.**

En español decimos "vive en el Perú", "vive en Chile"; en Esperanto: **Li loĝas en Peruo, li loĝas en Ĉilo.** No se usará pues, el artículo delante de nombre propio - que no necesita determinación.

Cuando un nombre propio va precedido de un título, como **sinjoro, doktoro, generalo.** No lleva artículo: **Profesoro Martínez estas malsana. D-ro Zamenhof estis kuracisto.**

CI. En Esperanto, como en inglés, no existe prácticamente el tuteo. No obstante, si se siente la absoluta necesidad de esta forma íntima, se puede emplear el pronombre **ci**: tú: **Mi cin amas** - Yo te amo.

PRONOMBRE REFREXIVO. Al emplear el reflexivo **sia**, recuerde que:

a)   el adjetivo **sia** nunca va delante del sujeto:
b)   **sia** precede al objeto (complemento) poseído por el sujeto:

Juan (sujeto) juega con su perro (perteneciente al sujeto). **Johano ludas kun sia hundo.** Juan (sujeto) y su perro (sujeto) juegan. **Johano kaj lia hundo ludas.**

Compárense los siguientes ejemplos: **La sinjoro ordonis al sia servisto vesti lin** - El señor ordenó a su sirviente vestirlo (que lo vistiera). **La sinjoro ordonis al sia servisto vesti lin** - El señor ordenó a su sirviente vestirse (que se vistiera).

En Esperanto, como en castellano, las palabras **iu, tiu, ĉiu, kiu, neniu** - alguien, ese, quien, etcétera- pertenecen gramaticalmente a la tercera persona, aunque se refieran a la primera o segunda: **Ĉiu el ni ricevos sian porcion** - cada uno de nosotros recibirá su porción. **Neniu el vi evitos sian sorton** - ninguno de vosotros evitará su suerte (destino). **Tiu el vi, kiu opinias sin kapabla** - aquel de vosotros que se considere capaz.

El sujeto no puede ser explícito: **Esti en sia elemento** - estar en su elemento. **Timi sian propran ombron** - temer su propia sombra.

ORACION DIRECTA. Si alguien nos dijo ayer "yo iré mañana" y nosotros lo repetimos, podremos escoger entre la forma directa: "él me dijo: yo iré mañana", y la forma indirecta: "él dijo que iría mañana". En Esperanto en la oración indirecta la forma lógica que se hubiera empleado en la oración directa:

él dijo: "iré mañana".   él dijo que iría mañana.
li diris: "Mi iros morgaŭ".   Li diris ke li iros morgaŭ.

él dijo: "yo soy brasileño".   él dijo que él era brasileño.
Li diris: "mi estas brazilano".   li diris ke li estas brazilano.

-UJO da la idea general de continente, de recipiente. De ahí las formas **supujo** (que contiene sopa), **pomujo** (que contiene manzanas), **Italujo** (que contiene italianos). Por consiguiente la palabra **kafujo** podría significar: caja para café, cafetera, planta de café o país del café. Pero, recordemos que en todos los idiomas las palabras reciben su significado exacto por el contexto. No obstante eso, podremos siempre en Esperanto contar con recursos para construir la palabra precisa que nos haga falta. Así tendremos: **kafskatolo** - caja para café. **Kafkruĉo** - vasija para café, cafetera, **kafarbo** - árbol de café, cafetero, y **kaflando** - país del café.

LOS NOMBRES DE LOS PAÍSES del antiguo continente se forman agregando el sufijo **uj** o la palabra **lando** al nombre del pueblo que le dio origen: **Germano, Germanujo** (= país de los germanos): **Dano, Danujo** (= país de los daneses).

En el nuevo continente, por el contrario, el habitante recibe el nombre del país que lo habita: **Peruo, peruano; Brazilo, brazilano.**

Pero también encontraremos en nuestras lecturas, la terminación **io** para formar nombres de países: **Italio, Francio, Rusio. Meksikanoj loĝas en Meksiko. Francoj loĝas en Francujo, Franclando aŭ Francio.**

ADJETIVO ATRIBUTIVO. Compare estas dos frases: "Juan encontró a su bella novia" y "Juan encontró bella a su novia". En el primer caso, la cualidad "bella" es permanente en la novia, y lo es para todo el mundo; e el segundo, Juan encuentra que su novia es bella, le atribuye esa cualidad, aunque quizá no la posea. El Esperanto distingue la cualidad permanente (epíteto) de la circunstancial (atributo) de este modo:

Johano trovis sian belan fianĉinon.
Johano trovis sian fianĉinon bela.

Note que en el segundo caso, **bela** va sin -**n** final.

Mi vidis la fermitan pordon - Vi la puerta cerrada (no la abierta).
Mi vidis la pordon fermita - Vi (que) la puerta (estaba) cerrada.

Que también puede decirse: **Mi vidis ke la pordo estis fermita.**

QUE. Cuando "que" puede reemplazarse por el, la, lo, los, las cuales (pronombre relativo) se traduce por **kiu, kiuj,** según los casos.

Los libros que (los cuales) ves sobre la mesa son del señor que (el cual) estas de pie.
La libroj, kiujn vi vidas sur la tablo estas de la sinjoro, kiu staras.

Recuérdese, además, que "que", cuando es pronombre relativo va detrás del nombre que reemplaza, en tanto que "que" conjunción sigue generalmente al verbo.

Mi vidas, ke la libroj, kiujn vi aĉetis estas interesaj.
Veo que los libros que (los cuales) Ud. compró son interesantes.

Cuando "que" reemplaza a "qué cosa" se pone **kio**.
¿Qué (cosa) haces? - **Kion vi faras?**
¿De qué (cosa) se trata? - **Pri kio temas?**

Si "que" significa cuán, cuánto, en frases admirativas, se traduce por **kia**.

¡Qué (cuánto) calor! - **Kia varmo!**
¿Qué (cuán) hermoso día! - **Kia bela tago!**

El "que" de más que, menos que, es **ol: pli ol, malpli ol.**

Y en los demás casos (conjunción), "que" se traduce por **ke:**
Mi deziras, ke vi lernu - Deseo que aprendas.
Mi kredas, ke li venos - Creo que él vendrá.
Oni diras, ke... - Se dice que...
Mi laboras por ke li ripozu - Trabajo para que él repose.

PARTICIPIO ADVERBIO. "Vi a Pedro caminando por la calle" puede significar: "yo, caminando por la calle, vi a Pedro", o bien "yo vi a Pedro que caminaba por la calle".

En Esperanto diremos en el primer caso: **Marŝante sur la strato mi vidis Petron** y, en el segundo: **Mi vidis Petron marŝanta sur la strato**. En el primer caso empleamos el participio adverbial porque deseamos indicar cómo el sujeto hace algo (¿cómo? - caminando = cuando el sujeto caminaba).

Se usa, pues, el participio adverbial (activo o pasivo) y en cualquiera de los 3 tiempos) cuando éste se refiere al sujeto de la proposición, en los demás casos, conservará su forma adjetiva.

DE es la preposición más usada en Esperanto y en español. Damos aquí algunos ejemplos en que su uso difiere en las dos lenguas. En Esperanto el uso de **de** es más preciso que en español:

Una tasa de té	**taso da teo**
Una tasa de porcelana	**taso el porcelano**
Una tasa de María	**taso de Maria**
Una mesa hecha de pino	**tablo farita el pino**
Una mesa hecha por Juan	**tablo farita de Johano**
El primero de todos	**la unua el ĉiuj**
¿de qué se trata?	**Pri kio temas?**
Se trata de los siguiente	**temas pri la jeno**
Cubrir de flores	**kovri per floroj**
Estatua de bronce	**bronza statuo**
A partir de mañana	**ekde morgaŭ**
La ciudad de Rosario	**urbo Rosario**
Máquina de vapor	**vapormaŝino**
Enfermedad del corazón	**kormalsano**
Pasar de largo	**preterpasi**
Dejar de lado	**flankenlasi**

| De parte mía | **je mia flanko, miaflanke** |
| Acaba de partir | **li ĵus foriris** |

TENER se traduce **teni**, pero solo en el sentido de asir.

Mi tenas libron en la mano - Yo tengo (asgo) un libro en la mano.

Mi havas multajn librojn - Yo tengo (poseo) muchos libros.

Y en castellano "tenemos" que ir, que hacer (debemos ir, hacer, etcétera.)

Mi devas iri, fari, ktp.

Tengo algo que hacer	**Mi havas ion por fari**
No tengo nada	**Mi havas nenion**
Tengo hambre	**Mi estas malsata, mi malsatas.**

HACER. Este verbo en castellano se usa para "hacer" de todo:

Hace calor	**Estas varme**
Hace largo rato	**Antaŭ longa tempo**
Hace mucho	**Antaŭ longe**
Hacerse el dormido	**Ŝajnigi esti dormanta**
Hacerse de dinero	**Gajni, akiri monon**
Se hace de día	**Tagiĝas**
Se hace tarde	**Malfruiĝas**
Se hizo pedazos	**Disrompiĝis**
Esto hace bien	**Tio bone efikas**

POR - PRO. Estas dos preposiciones no deben confundirse. **Por** indica finalidad: **oni ne devas vivi por manĝi, sed manĝi por vivi.** - No se debe vivir para comer, sino comer para vivir.

Pro indica causa, motivo de una acción: **Pro tiu vundo li mortis** - por (a causa de) esa herida murió. Compare: **Li venis por tio** - el vino para eso. **Pri tio li venis** - por eso vino.

FORNO. Cuando queramos precisar a qué clase de horno u hornillo nos referimos, diremos: **bakforno** (de hornear), **kuirforno** (de cocina), **hejtforno** o **hejtilo** (estufa), **altforno** (alto horno), etcétera.

ALGUNAS EXPRESIONES

Lo más pronto posible	
(tiempo)	**Kiel eble plej baldaŭ**
(velocidad)	**Kiel eble plej rapide**
Ni yo, ni él	**Nek mi, nek li**
Hasta la vista	**Ĝis revido!**
¡Qué le vaya bien!	
(de salud)	**Fartu bone**
El cree en Dios	**Li kredas je (al, pri) Dio**
Gracias a Dios	**Dank' al Dio**
De tanto en tanto	**De tempo al tempo**
Poco a poco	**Iom post iom**
Por otra parte, por otro lado	**Aliflanke**
Hay que (se debe)	
comer para vivir	**Oni devas manĝi por vivi**
Casa vez más	**Pli kaj pli**
Parece increíble	**Ŝajnas nekredebla**
Más vale (mejor)	**(estas) pli bone**
Es preferible	**(estas) prefere**
Muchas gracias,	
Le agradezco mucho	**Mi tre dankas**
No hay de qué	**Ne dankinde**
Más vale algo que nada	**Pli bone io ol nenio**
Es preferible una vez	
Que nunca	**prefere iam ol neniam**

ABREVIATURAS MÁS USUALES

bv., bonvolu	Tenga a bien, por favor

d-ro, doktoro	doctor
E-o, Esp-o, Esperanto	Esperanto
Ekz., ekzemple	por ejemplo
f-ino, fraŭlino	señorita
k.c., kaj cetere	y además
k-do, kamarado	camarada (masculino)
k-dino, kamaradino	camarada (femenino)
k.s., kaj similaj	y semejantes
k.t.p., kaj tierl plu	etcétera
N.B., notu bone	nota bene
n.ro, numero	número
p.d., post dato	postdata
prof., profesoro	profesor
s-no, samideano	"samideano"
s-ro, sinjoro	señor
s-ino, sinjorino	señora
t.e., tio estas	es decir, esto es
U.E.A., Universala Espeanto-Asocio	Asociacion Universal de Esperanto

Estas abreviaturas suelen escribirse también sin puntos o guión, por ejemplo: **k-t-p.** o **ktp**.

Legaĵoj

Pri la Historio de Esperanto

En la jaro 1887 aperis en Varsovio la "Unua libro de lingvo internacia de D-ro Esperanto" (Pseŭdonimo de la aŭtoro: Dro Ludoviko Zamenhof). Naskiĝinte en 1859 en Bielostok, kie loĝas kaj intermalpacas kvar malsamlingvaj popoloj, Zamenhof jam de sia juneco komencis studi kaj labori pri internacia lingvo. Kvankam li fariĝis profesie okulisto, lia ĉefa celo en la vivo estis, ĉiam helpi al interkompreno de ĉiuj nacioj per helpa komuna lingvo neŭtrala.

Antaŭ la publika apero de Esperanto, Zamenhof dum multaj jaroj kutimiĝis pensi kaj verki rekte en la nova lingvo. Tial ĝi jam havis komencon de originala literaturo, kiam ĝi aperis. Post 1887 la lingvon lernis kaj uzis ĉiam pli granda nombro de ĉiulandaj adeptoj, kiuj per sia proza aŭ poezia verkado iom post iom pliriĉigis la lingvon kaj kreis tradicion en nia stilo.

De 1905 okazas ĉiujare tutmondaj kongresoj de esperantistoj, kaj en tiuj grandaj internaciaj kunvenoj mintriĝis pli kaj pli rimarkinda unueco en la prononcado de la lingvo, kaj ankaŭ kreiĝis tradicio en la parola stilo. Pro tio kaj ankaŭ pro la fakto, ke la plej granda parto de la Esperanta vortaro estis alportata de la vivo iom post iom kaj aldonata al la unua tre malvasta vortareto uzita de Dro zamenhof en la komenco, oni ĝenerale konstatas, ke Esperanto fariĝas vivanta lingvo.

Ĝian tujan praktikan utilon pruvas la grandaj servoj de la Universala Esperanto-Asocio (UEA), kiu havas delegitojn en la plej multaj urboj de la mondo kaj ebligas facilan intenacian informadon, anoncadon aŭ vojaĝadon per Esperanto. La jarlibroj de UEA entenas liston de tiuj delegitoj kaj utilajn informojn pri la praktika uzo de Esperanto. Dank´ al tio, miloj da turistoj aŭ komercistoj nur uzante Esperanton, povis vojaĝadi, junuloj trovis okupon fremlande, junulinoj sendanĝere travojaĝis grandajn urbojn. Internaciaj societoj fondiĝis por tutmondaj idealaj aŭ profesiaj celoj. Kelkaj miloj da libroj estas presitaj en Esperanto, tradukitaj el ĉiuj naciaj literaturoj aŭ originale verkitaj de esperantistaj aŭtoroj. Ekzistas multaj Esperanto-gazetoj, revuoj aŭ ĵurnaloj en plej diversaj lokoj kaj kun plej diversaj celoj.

En la tre viva internacia vivado kreita de Esperanto, gravan rolon havas la interna ideo de Esperantismo, kiun per diversaj verkoj esprimas la originala Esperanto-literaturo kaj interalie la oficiala kongresa himno de l´ esperantistoj "La Espero", verkita de Dro Zamenhof.

DRO EDMOND PRIVAT
(EL KURSA LERNOLIBRO)

La Espero

(Himno Esperantista)

En la mondon venis nova sento,
Tra la mondo iras forta voko:
Per flugiloj de facila vento
Nun de loko flugu ĝi al loko.

    Ne al glavo sangon soifanta
    Ĝi la homan tiras familion,
    Al la mond´ eterne militanta
    Ĝi promesas sanktan harmonion.

Sub la sankta signo de l´ espero
Kolektiĝas pacaj batalantoj,
Kaj rapide kreskas la afero
Per laboro de la esperantoj.

    Forte staras muroj de miljaroj
    Inter la popoloj divorditaj;
    Sed dissaltos la obstinaj baroj
    Per la sankta amo disbatitaj.

Ser neŭtrala lingva fundamento,
Komprenante unu la alian,
La popoloj faros en konsento
Unu grandan rondon familian.

Nia diligenta kolegaro
En laboro paca ne laciĝos
Ĝis la bela song´ de la homaro
Per eterna ben´ efektivios.

L. L: Zamenhof

La Esperanza

(Traducción)

En el mundo ha venido un nuevo sentimiento; en alas de un viento apacible vuele ahora de un lugar a otro. No a la espada sedienta de sangre esta llama a la familia humana: al mundo que eternamente guerrea le promete una santa armonía. Bajo el sagrado signo de la esperanza se reúnen los combatientes de la paz, y pronto avanza la obra por el trabajo de los que tienen esperanza. Fuertes se levantan muros milenarios entre los pueblos divididos; pero saltarán en pedazos las obstinadas barreras por el sagrado amor derrumbadas. Sobre un fundamento lingüístico neutral, comprendiéndose los unos a los otros, los pueblos harán de común acuerdo una sola gran familia. Nuestros laboriosos camaradas en la tarea de la paz no desfallecerán, hasta que el bello sueño de la humanidad para bendición eterna se realice.

KORESPONDADO

"Vojaĝoj larĝigas la menson", diras la angloj, kaj tio estas vera. Sed bedaŭrinde ne ĉiuj povas vojaĝi eksterlanden. Malmultaj povas viziti landojn, kiujn ili dezirus koni.

Sed la esperantistoj povas konversacii per leteroj, kun loĝantoj de kiu ajn lando de nia terglobo. Ili povas facile ricevi informojn pri la plej diversaj temoj: popolaj kutimoj, filatelio, arto, folkloro, sociaj problemoj, literaturo, komerco, industrio, scienco, agrikulturo, instruado, politiko aŭ simple babili pri ĉiutagaj aferoj.

Ankaŭ okazas interŝanĝoj: poŝtmarkoj, revuoj, libroj, muzikaĵoj, semoj, fotoj, k.t.p., k.s. iras de samideano al samideano.

- "Tre interese" vi ble diros, "sed kiel mi povos havi tiujn adresojn?"

- Nu, tio estas facila - por esperantisto. En ĉiuj esperantaj gazetoj aperas anoncoj pri korespondado kaj interŝanĝo. Se vi ne trovus peton pri korespondado konvena al vi, vi mem povas publikigi anonceton kontraŭ modesta pago.

En la komenco vi povas skribi ne leterojn, sed poŝtkartojn, ilustritajn, interesajn poŝtkartojn.

MODELA LETERO

Mi vidis vian anoncon en La Praktiko kaj rapidas respondi vian peton pri korespondado. Mi ankaŭ studas medicinon, kaj tre ŝatus interŝanĝi **fakajn** revuojn kun vi. Ankaŭ interesas min popolaj dancoj. Ĉi tiu poŝtkarto montras la argentinan popolan dancon "Zamba".

Mi estas 20-jara kaj loĝas kun mia familio en la urbo.

Atendante vian baldaŭan respondon, sincere salutas vin.

Mia adreso: Petro Bonasper
Strato Verda Stelo 1975
ROSARIO

Leterojn oni komencas per diversaj salutoj: Estimata sinjoro, ŝatata fraŭlino (samideano, kolego), Kara kamarado.

Por fini leteron oni uzas kutimajn esprimojn: Via. Respekte via. Sincere via. Via amiko. Kun kora saluto. Tre kore via. Mi (kore, sincere, samideane, amike) salutas vin.

Profitu la esperantan korespondadon, sed memoru kelkajn konsilojn: Skribu klare. Ĉefe skribu tre klare vian nomon kaj adreson. Skribu ankaŭ klare kaj zorge la adreson de via korespondanto sur la koverto. Respondu akurate.

Korespondu kaj vi vidos, ke ankaŭ la esperanta korespondado "larĝigas la menson" kaj kreas amikecon.

POEZIOJ

HO, MIA KOR´

Ho, mia kor´, ne batu maltrankvile,
El mia brusto nun ne saltu for!
Jam teni min ne povas mi facile,
Ho mia kor´!

Ho, mia kor´! Post longa laborado
Ĉu mi ne venkos en decida hor´?
Sufiĉe! Trankviliĝu de l´ batado,
Ho, mia kor´!

LUDOVIKO ZAMENHOF

DU POEMETOJ DE HEINE

Milde pasas tra la kor´

Milde pasas tra la kor´
Dolĉa harmonio;
En printempo sonu for
Eta melodio

Al floranta idili´
Flugu vi sonore;
Se renkontos rozon vi,
Ĝin salutu kore!

Kie estas la plej kara?

Kie estas la plej kara,
Kiun mi prikantas rime,
Kiam sorĉaj, ardaj flamoj
Alten levis min senlime?

Estingiĝis tiuj flamoj,
Malvarmiĝis jam la koro,
Tiu ĉi versaĵ´ entenas
Amo-cindron je memoro

TRAD.: F. PILLAT

NI ALVENIS AL LA FINO

Ni kune faris interesan vojaĝon tra la lingvo internacia. Vi jam konas la fundamenton de la lingvo. Sed ankloraŭ vi ne estas perfekta esperantisto. Permesu, do, ke mi rakontu al vi kion mi faris kiam mi finis mian elementan lernadon.

Mi tuj aliĝis al la Argentina Esperanto-Ligo. Tie mi prunteprenis librojn el la biblioteko kaj legis, multe legis, sed kun atento.

Mi ĉeestis la kunvenojn, prelegojn, festojn, ekskursojn de la esperantistoj kaj havis la okazon babili kun samideanoj enlandaj kaj eksterlandaj, nur en la bela Esperanto. Sur mia brusto mi tuj portis la kvinpintan verdan stelon. Mi fariĝis videbla esperantisto. Mi korespondis kun eksterlandaj gesamideanoj, kaj tio donis al mi ĝojon kaj instruon. Aliĝinte al la Universala esperanto-Asocio, mi fariĝis monda esperantisto. U.E.A. donas praktikajn servojn al siaj membroj, sed krome edukas ilin en la homara solidareco kaj kompreno.

Unuvorte, mi partoprenas la Esperanto-movadon.

Do, mi ne diras al vi adiaŭ, sed ĝis revido en la venonta Esperano-Kongreso!

NI UZU ESPERANTON!

Hemos hecho juntos un interesante viaje a través de la lengua internacional. Ud. ya conoce los fundamentos de la lengua. Pero aún no es usted un perfecto esperantista. Permítanme, pues, que le cuente qué hice yo cuando terminé mi aprendizaje elemental.

Enseguida me adherí a la Liga Argentina de Esperanto. Allí tomé libros en préstamo de la biblioteca y leí, leí mucho, pero con atención. Asistí a las reuniones, conferencias, fiestas, excursiones de los esperantistas y tuve ocasión de charlar con "samideanos" del país y extranjeros, solo en el bello Esperanto. Sobre mi pecho lucí enseguida la estrella de cinco puntas. Me convertí en un esperantista visible. Correspondí con esperantistas de otros países y eso me proporcionó goces y enseñanzas. Adhiriéndome a la Asociación Universal de Esperanto me convertí en esperantista mundial. U.E.A. proporciona servicios prácticos a sus miembros, además los educa en al solidaridad y comprensión humana. En una palabra, participo e el movimiento de Esperanto.

No le digo pues, adiós, sino hasta la vista en el próximo Congreso de Esperanto!

¡USEMOS EL ESPERANTO!

TABELO PRI LA PREFIKSOJ KAJ AFIKSOJ

PREFIKSOJ

BO - parentesco político: *bofrato* - cuñado. (Vidu en la 17-a leciono).

DIS - dispersión: *doni* - dar, *disdoni* - distribuir. (15-a leciono).

EK - acción breve o que comienza: *vidi* - ver, *ekvidi* - apercibir, advertir. (18-a leciono).

EKS - ex: *eksministro* - exministro. (20-a leciono).

FI - moralmente malo. (19-a leciono).

GE - ambos sexos reunidos: *gepatroj* - padre y madre. (17-a leciono).

MAL - lo contrario, lo opuesto: *malriĉa* - pobre. (2-a leciono).

MIS - equivocadamente, "al revés", "de revés": *miskompreni* - comprender "al revés". (20-a leciono).

PRA - ancestral, bis: *praavo* - bisabuelo. (18-a leciono).

RE - repetición: *refari* - rehacer. (15-a leciono).

SUFIKSOJ

-AĈ de mala calidad: *ĉevalo* - caballo, *ĉevalaĉo* - mancarrón, jamelgo. (19-a leciono).

-AD acción continuada: *pafado* - tiroteo. (18-a leciono).

-AĴ cosa o substancia: *skribaĵo* - un escrito, *dolĉaĵo* - un dulce, cosa dulce. (13-a leciono).

-AN miembro, partidario, habitante: *amerikano* - un americano, *kristano* - un cristiano. (9-a leciono).

-**AR** conjunto de cosas semejantes: *arbo* - árbol, *arbaro* - bosque, *vorto* - vocablo, *vortaro* - vocabulario. (12-a leciono).

-**ĈJ** diminutivo cariñoso masculino: *Petro* - Pedro, *Peĉjo* - Pedrito, Pedrín. (18-a leciono).

-**EBL** posibilidad, que se puede hacer: *vidi* - ver, *videbla* - visible; *kredi* - creer, *kredebla* - creible. (13-a leciono).

-**EC** nombre de una cualidad: *mola* - blando, *moleco* - molicie, blandura; *infano* - niño, *infaneco* - infancia. (11-a leciono).

-**EG** aumentativo: *domo* - casa, *domego* - caserón, casa grande, *grandega* - enorme, *pluvi* - llover, *pluvegi* - llover a cántaros. (11-a leciono).

-**EJ** lugar destinado a: *lerni* - aprender, *lernejo* - escuela; *kuiri* - cocinar, *kuirejo* - cocina. (6-a leciono).

-**EM** inclinación, tendencia: *labori* - trabajar, *laborema* - laborioso, trbajador; *babili* - charlar, *babilema* - charlatan, hablador. (11-a leciono).

-**END** que debe ser: *plenumenda tasko* - una tarea que debe ser cumplida. (20-a leciono).

-**ER** partícula, elemento: *sablo* - arena, *sablero* - grano de arena; *mono* - dinero, *monero* - moneda. (15-a leciono).

-**ESTR** jefe, autoridad: *ŝipo* - barco, *ŝipestro* - capitán, comandante; *urbo* - ciudad, *urbestro* - alcalde. (19-a leciono).

-**ET** diminutivo: *vojo* - camino, *vojeto* - caminito, *senda*; *varma* - caliente, *varmeta* - tibio; *ridi* - reir, *rideti* - sonreir. (11-a leciono).

-**ID** descendencia: *bovo* - buey, *bovido* - ternero; *koko* - gallo, *kokido* - pollo. (17-a leciono).

-**IG** causar, volver, convertir en: *blanka* - blanco, *blankigi* - blanquear; *morti* - morir, *mortigi* - matar, *forta* - fuerte - *fortigi* - fortalecer, fortificar. (14-a leciono).

-**IĜ** hacerse, volverse: *ruĝa* - rojo, *ruĝiĝi* - enrojecerse; *sidi* - estar sentado, *sidiĝi* - sentarse; *movi* - mover, *moviĝi* - moverse. (14-a leciono).

-**IL** instrumento: *tranĉi* - cortar, *tranĉilo* - cuchillo. (6-a leciono).

-**IN** femenino: *frato* - hermano, *fratino* - hermana; *koko* - gallo, *kokino* - gallina. (1-a leciono).

-**IND** digno de, que merece: *admiri* - admirar, *admirinda* - admirable; *vidi* - ver, *vidinda* - digno de verse. (15-a leciono).

-**ING** que contiene parcialmente, vaina: *kandelo* - vela, *kandelingo* - candelero; *glavo* - espada, *glavingo* - vaina de espada. (15-a leciono).

-**IST** profesión, ocupación habitual: *ŝuo* - zapato, *ŝuisto* - zapatero; *okulo* - ojo, *okulisto* - oculista; *polico* - policía, *policisto* - un policía. (4-a leciono).

-**NJ** diminutivo cariñoso femenino: *patrino* - madre, *panjo* - mamá, mamita. (18-a leciono).

-**OBL** multiplicativo: *duobla* - doble; *centoble* - cien veces; *multobligi* - multiplicar. (9-a leciono).

-**ON** fracción: *duono* - medio, mitad; *centono* - una centésima parte; *duonigi* - partir por la mitad. (9-a leciono).

-**OP** colectivo, grupo: *duope* - de a dos; *centope* - de a cien. (19-a leciono).

-**UJ** contenedor, recipiente: *supo* - sopa, *supujo* - sopera.

> También se lo usa para plantas frutales: *vinbero* - uva, *vinberujo* - vid, parra (que contiene uva).

Y para nombres de países: *anglo* - un inglés, *Anglujo* - Inglaterra (que contiene a los ingleses). (15-a leciono).

-UL persona caracterizada por...: *blinda* - ciego, *blindulo* - un ciego; *juna* - joven - *junulo* - un joven; *miliono* - millón, *milionulo* - millonario. (11-a leciono).

-UM sufijo indefinido: *kolo* - cuello, pezcuezo, *kolumo* - cuello (de vestido), *vento* - viento, *ventumi* - dar viento, abanicar; *ventumilo* - abanico. (20-a leciono).

Además hay la preposición *je*, sin sentido fijo; *mi finos je la tria* - terminaré a las tres; *mi trinkos je via sano!* - beberé a tu salud!

KORELATIVOJ

	Individuo	Cualidad	Cosa	Posesión	Cantidad	Lugar	Tiempo	Causa	Modo
Indefinidos	IU alguien, alguno	IA alguna cosa	IO algo, alguna cosa	IES de alguien	IOM algo (cantidad)	IE en algún sitio	IAM alguna vez	IAL por algún motivo	IEL de algún modo
Interrogativos Relativos	KIU quien, el cual, el que	KIA que, cual (clase)	KIO que, lo que, lo cual	KIES de quien, cuyo	KIOM cuanto	KIE dónde	KIAM cuando	KIAL por qué	KIEL cómo, de qué modo
Demostrativos	TIU ese, aquel	TIA tal	TIO eso, aquello	TIES de ese, de aquel	TIOM tanto	TIE allí, ahí	TIAM entonces	TIAL por eso	TIEL de tal modo, así, tal
Colectivos	ĈIU cada (uno) todo	ĈIA cada (clase)	ĈIO todo	ĈIES de cada uno, de todos	ĈIOM el todo	ĈIE en todas partes	ĈIAM siempre	ĈIAL por toda razón	ĈIEL de todos modos
Negativos	NENIU nadie, ninguno	NENIA ninguna clase	NENIO nada	NENIES de nadie	NENIOM nada (cantidad)	NENIE en ningún lugar	NENIAM nunca	NENIAL por ningún motivo	NENIEL de ningún modo

PREPOZICIOJ

AL	a, hacia, hasta
ANSTATAŬ	en lugar de
ANTAŬ	ante, delante de
APUD	cerca de, junto a
ĈE	en lugar de, en lo de, cabe, al pie de
ĈIRKAŬ	alrededor
DA	de (cantidad)
DE	de
DUM	durante, mientras
EKSTER	fuera de
EL	de (origen)
EN	Een
ĜIS	hasta (ĝis tiam - hasta entonces, ĝis tie - hasta allí)
INTER	entre
KONTRAŬ	contra, frente a
KROM	aparte de
KUN	con (compañía)
LAŬ	según
MALGRAŬ	a pesar de
PER	con (por medio de)
PO	a razón de, a tanto
POR	para
POST	después de, atrás de
PRETER	más allá, por delante de, dejando atrás
PRI	acerca de
PRO	a causa de
SEN	sin
SUB	bajo, debajo
SUPER	sobre, encima (sin contacto)
SUR	sobre (tocando)
TRA	a través de
TRANS	al otro lado, más allá

Vocabulario

acida	ácida	aparato	aparato
adiaŭ	adiós	aperi	aparecer
adiaŭi	decir adiós	apetito	apetito
admiri	admirar	apogi	apoyar
adreso	dirección, domicilio	apoteko	botica, farmacia
aero	aire	aprilo	abril
agrabla	agradable	apud	junto a, al lado de
aĝo	edad	arbo	árbol
akcepti	aceptar, recibir	atendi	aguardar
akto	acto (teatro)	atingi	alcanzar
akurata	puntual	aŭ	o, u
akvo	agua	aŭdi	oír
alkoholo	alcohol	aŭgusto	agosto
alia	otro, otra	aŭskulti	escuchar
alifoje	otra vez	automobilo	automóvil
alporti	traer	aŭtuno	otoño
alta	alto	avo	abuelo
alveni	llegar		
amaso	multitud, montón	babili	charlar
ambaŭ	ambos	baldaŭ	pronto, en breve
ami	amar	barbo	barba
amiko	amigo	bati	batir, golpear
amuzi	divertir		lamentar,
angulo	ángulo	bedaŭri	deplorar
animo	alma	bedaŭrinde	lamentablemente
ankaŭ	también	bela	bello
ankoraŭ	todavía, aún	benko	banco (asiento)
anonci	anunciar	besto	animal
anstataŭ	en lugar de	biblioteko	biblioteca
anstataŭi	reemplazar	biciklo	bicicleta
antaŭ	ante, delante	biksteko	bistec, bife

bildo	figura, imagen	ĉemizo	camisa
birdo	ave, pájaro	ĉerizo	cereza
blanka	blanco	ĉiam	siempre cielo
blinda	ciego	ĉielo	cielo
blonda	rubio	ĉio	todo
blovi	soplar	ĉiu	cada (uno-a)
blua	azul	ĉokolado	chocolate
bluzo	blusa		
bona	bueno	danci	danzar
	tenga Ud. a bien,	danĝera	peligroso
	haga Ud. el favor,	daŭri	durar
bonvoli	por favor	de	de
bori	perforar	decembro	diciembre
bovo	buey	dek	diez
botelo	botella	delegito	delegado
brako	brazo	delikata	delicado
branĉo	rama	demandi	preguntar
brila	brillante	denove	nuevamente
broso	cepillo	dento	diente
bruna	moreno, marrón	desegni	dibujar
brusto	pecho	deserto	postre
bruto	bruto, ganado	deziri	desear
bubo	pillete, "pibe"	diferenci	diferenciarse
buŝo	boca	dika	grueso
	manteca,	dimanĉo	domingo
butero	mantequilla	diri	decir
butiko	tienda, negocio	diversa	diverso
		doloĉa	dulce
celi	tender a	domo	casa
celo	objetivo, fin	donaci	regalar, donar
certa	cierto, seguro	doni	dar
cigaro	cigarro	dormi	dormir
cikonio	cigüeña	dorso	espalda, dorso
		drinki	beber por vicio
ĉambro	habitación, cámara	du	dos
ĉapelo	sombrero	dubi	dudar
	porque (por esa		durante, mientras
ĉar	razón)	dum	que
ĉarma	encantador	dungi	emplear
ĉaro	carro		
ĉefo	jefe	edzo	esposo
ĉefurbo	ciudad capital	egala	igual

ekzemplo	ejemplo
eleganta	elegante
elekti	elegir
elektra	eléctrico
en	en
esperi	esperar
esti	ser, estar
etaĝo	piso (1o., 2o.)
facila	fácil
fajfi	silbar
fajli	limar
fajro	fuego
fali	caer
familio	familia
fantazio	fantasía
fari	hacer
farti	estar de salud
faruno	harina
februaro	febrero
feliĉa	feliz
fenestro	ventana
ferio	feriado, vacaciones
fero	hierro
fianĉo	novio
fidela	fiel
fingro	dedo
flago	bandera
flanko	lado, flanco
flati	adular
flari	oler
floro	flor
folio	hoja
fondi	fundar
fontoplumo	plumafuente
forgesi	olvidar
forĝi	forjar
forko	tenedor
forno	cocina, hornillo
forta	fuerte
frapi	golpear, percutir
fraŭlo	(un) soltero
frazo	frase
fremda	extranjero, extraño
fremdulo	forastero
friti	freír
fromaĝo	queso
frukto	fruta-o
frunto	frente
fulmotondro	Tormenta eléctrica, Interjección: ¡Rayos y truenos!
fumo	humo
fungo	hongo
funkcii	funcionar
gaja	alegre
gambo	pierna
ganto	guante
gaŭĉo	gaucho
glaciaĵo	helado (cosa hecha con hielo)
glacio	hielo
gluo	cola de pegar
grado	grado
granda	grande
gratuli	felicitar
grava	importante
greno	grano, cereal
gripo	gripe
grumbli	gruñir
gustumi	degustar, probar
gvidi	guiar
ĝardeno	jardín
ĝeni	molestar
ĝi	ello (él, ella)
ĝoji	regocijarse
ĝui	gozar
ĝusta	justo, exacto

	hacer alto,	juna	joven
halti	detenerse	junio	junio
havi	tener, poseer	jupo	falda, pollera
haŭto	piel	justa	justo
hela	claro (color)	juvelo	joya
helpi	ayudar		
herbo	hierba	ĵaudo	jueves
heroo	héroe	ĵeti	arrojar
hieraŭ	ayer	ĵurnalo	periódico
hodiaŭ	hoy		
	hombre (ser huma-	kafo	café
homo	no)	kaj	y, e
horloĝo	reloj	kajero	cuaderno
horo	hora	kalkuli	calcular, contar
hotelo	hotel	kamarado	camarada
hundo	perro	kanti	cantar
		kapo	cabeza
iam	alguna vez	kapti	atrapar
ideo	idea	karesi	acariciar
ies	de alguien	kaserolo	cacerola
ili	ellos-as	kato	gato
infano	niño	kazo	caso
informi	informar	kelnero	mozo de café
inko	tinta	kesto	caja, cajón
	maestro,		que, cual (clase o
instruisto	instructor	kia	cualidad)
internacia	internacional		por qué (por qué
intesto	intestino	kial	razón)
inviti	invitar	kiam	cuándo
invitilo	(una) invitación	kie	dónde
io	algo, alguna cosa	kiel	cómo (de qué modo)
	algo, alguna canti-	kies	cuyo, de quién
iom	dad	kinejo	cine
iri	ir		qué, qué cosa, lo
iu	alguien, alguno	kio	cual
		kiom	cuánto
jam	ya	kisi	besar
januaro	enero		quien, cual, el cual,
jaro	año	kiu	la cual
jako	chaqueta, saco	klara	claro
jen	he aquí	klarigi	aclarar, explicar
julio	julio	klaso	clase

klubo	club	kurteno	cortina
knabo	muchacho	kuŝi	yacer, estar acostado
koko	gallo		
kolekti	coleccionar, reunir	kutimi	tener la costumbre
koleri	encolerizarse	kuzo	primo
kolo	cuello	kvar	cuatro
kombi	peinar	kvin	cinco
komforta	confortable		
kompreni	comprender		
koncerto	concierto	la	el, la, los, las
koni	conocer	labori	trabajar
konsisti	consistir	laca	cansado
kontenta	contento	lago	lago
korbo	cesta	lakto	leche
korko	corcho	lampo	lámpara
koro	corazón	lando	país
korvo	cuervo	lango	lengua (órgano)
korpo	cuerpo	lano	lana
kosti	costar	larĝa	ancho
kostumo	traje	lasi	dejar
kotono	algodón	lasta	último
koverto	sobre	lavi	lavar
krajono	lápiz	leciono	lección
kravato	corbata	ledo	cuero
kredi	creer	legi	leer
krei	crear	legomo	legumbre
kremo	crema	lerni	aprender
kreski	crecer	lerta	hábil
krii	gritar	letero	carta
kruĉo	jarra	li	él
kruela	cruel	libera	libre
kruro	pierna	ligno	madera, leña
kuiri	cocinar	lingvo	lengua, idioma
kuko	pastel, torta, masa	lipo	labio
kulero	cuchara	listo	lista
	con, en compañía de	lito	cama, lecho
kun		loko	lugar
kunsido	sesión	lokomotivo	locomotora
	curar, tratar enfermos	loĝi	habitar
kuraci		longa	largo
kuri	correr	lundo	lunes
kuraĝa	valiente		

magazeno	negocio grande	muta	mudo
majo	mayo	muzeo	museo
malgraŭ	a pesar de, malgrado	muziko	música
manĝi	comer		
manki	faltar	nacio	nación
mano	mano	naturo	naturaleza
mardo	martes	naŭ	nueve
maro	mar	nazo	nariz
martelo	martillo	negro	(un) negro
marto	marzo	neĝo	nieve
mastro	amo, patrón	neniam	nunca
maŝino	máquina	nenies	de nadie
mateno	mañana	nenio	nada
matura	maduro	neniu	nadie, ninguno-a
meblo	mueble	nepo	nieto
mekanika	mecánica		indispensable, inelu-
membro	miembro	nepra	dible
mendi	encargar, pedir	nevo	sobrino
menso	mente	ni	nosotros
merkredo	miércoles	nigra	negro
meriti	merecer	nilono	nylon
meti	poner	noto	nota
metio	oficio	nova	nuevo
mezo	medio, centro	novembro	noviembre
mi	yo	nulo	cero
mielo	miel	nur	solamente
minuto	minuto	nutra	nutritivo
moderna	moderno		
mola	blando, muelle	obei	obedecer
monato	mes	objekto	objeto
mondo	mundo	odori	exhalar un olor
montri	monte, montaña	oficejo	oficina
montrofenes-	vidriera,	ofte	frecuentemente
tro	escaparate	ok	ocho
monumento	monumento	okazintaĵo	suceso
morgaŭ	mañana	oktobro	octubre
motociklo	motocicleta	okulo	ojo
movi	mover	ombro	sombra
multaj	muchos	onklo	tío
muro	muro	opinii	opinar
muso	laucha, ratón	oranĝo	naranja
muŝo	mosca	ordoni	ordenar

orelo	oreja	pluvombrelo	paraguas
oro	oro	polico	(un) policía
osto	hueso	pano	pan
ovo	huevo	ponto	puente
		popolo	Pueblo (habitantes)
pacienco	paciencia	pordo	puerta
paco	paz	porko	cerdo, puerco
pakaĵo	paquete	porti	llevar
paki	empaquetar	portreto	retrato
palaco	palacio	post	después de, detrás
pano	pan	poŝo	bolsillo
pantalono	pantalón	poŝtmarko	sello de correos
papero	papel	poŝto	correo
parfumo	perfume	povi	poder
paroli	hablar	praktiko	práctica
ponto	puente	prava	que tiene razón
pastro	sacerdote	preferi	preferir
patro	padre	preskaŭ	casi
paŭzo	pausa	prezidi	presidir
peco	pedazo, pieza	primtempo	primavera
pendi	pender	proksima	próximo
perdi	perder	promeni	pasear
persono	persona	pulmo	pulmón
peti	pedir, rogar		
pezi	pesar, tener peso	radio	rayo, radio
piedo	pie	rajdi	cabalgar
pipo	pipa	rajto	derecho
plaĉi	placer, agradar	rapida	rápido
plafono	cielorraso, techo	rapidi	apresurarse, ir rápido
planko	piso de habitación	razejo	peluquería
planto	planta	razi	afeitar
plena	lleno, completo	reciproka	recíproco
plenumi	cumplir	regi	regir, gobernar
plimultiĝi	crecer, aumentar, multiplicarse	registaro	(el) gobierno (conjunto de gobernantes)
plimulto	mayoría	reĝo	rey
plumo	pluma	renkonti	Encontrar (a alguien)
plori	llorar	respekto	respeto
pluvo	lluvia	respondi	responder
		resti	quedar

restoracio	restaurante	ses	seis
ricevi	recibir	sezono	estación del año
riĉa	rico	sidi	estar sentado, posado
ridi	reír	signifi	significar
rigardi	mirar	silenti	guardar silencio
ringo	anillo	silko	seda
ripozi	reposar	simila	similar
ronda	redondo	simpatia	simpático
rosti	asar	simpla	simple
rozo	rosa	sinjoro	señor
ruĝa	rojo	skandalo	escándalo
ruza	astuto	skatolo	caja
		skeleto	esqueleto
sabato	sábado	skribi	escribir
saĝa	juicioso, sensato, sabio	simpla	simple
		sofo	sofá
saĝeco	sabiduría, buen sentido	soifi	tener sed
		somero	verano
saĝulo	un hombre sabio	sonĝo	(un) sueño
salato	ensalada	sonorilo	campana
salo	sal	spegulo	espejo
saluti	saludar	sporto	deporte
sama	mismo, igual	sprita	ingenioso, chistoso
sana	sano	stacidomo	edificio de la estación
scii	saber	stacio	estación del año
segi	aserrar	stari	estar de pie, parado
seĝo	silla	stelo	estrella
seka	seco	stomako	estómago
sekundo	segundo	stranga	extraño, no común
sekvi	seguir	stratangulo	esquina de calle
semajno	semana	stulta	estúpido, estulto
senco	Sentido (asepción)	sub	bajo, debajo
senso	Sentido (facultad)	subita	súbito
sendi	enviar	subjupo	enagua
sentaŭgulo	un inútil, un inepto	subvesto	ropa interior
senti	sentir	sudo	sud
sep	siete	sufiĉa	suficiente
septembro	septiembre	sukcesi	tener éxito
serĉi	buscar	sukero	azúcar

suno	sol
sunombrelo	sombrilla
supra	superior
sur	sobre
surda	sordo
surtuto	sobretodo
suspekti	sospechar
ŝafo	carnero
ŝarĝi	cargar
ŝati	gustar de
ŝi	ella
ŝipo	barco
ŝranko	armario
ŝtrumpo	media
ŝtuparo	escalera
ŝtupo	escalón
ŝuo	zapato
tablo	mesa
tago	día
tamen	sin embargo
tapiŝo	tapiz, alfombra
tasko	tarea
taso	tasa
taŭrobatalo	corrida de toros
t.e. (=tio estas)	esto es, es decir
telero	plato
temperaturo	temperatura
tempo	tiempo
teo	tener
teni	te
termometro	termómetro
terpomo	papa, patata
tia	tal
tiam	entonces
tie	allí, allá, ahí
veki	despertar
velo	vela (de barco)
vendi	vender
vendredo	viernes

tio	eso, aquello
	tanto, tanta
tiom	cantidad
	tirar, hacer
tiri	tracción
tiu	ese, aquel
	cortar con
tondi	tijeras
torto	torta
trafiko	tráfico
trajno	tren
tramo	tranvía
	cortar con
tranĉi	tijeras
tre	muy
tri	tres
trinki	beber
trinkmono	propina
tro	demasiado
trotuaro	acerca
trovi	encontrar
trunko	tronco
truo	agujero
tuj	enseguida
tunelo	túnel
tuŝi	tocar
tuta	total
unu	uno
	municipalidad,
urbodomo	ayuntamiento
utila	útil
vanta	vanidoso
vagi	vagar
vagono	vagón
valizo	valija
vaporo	vapor
veni	venir
ventro	vientre
verda	verde
vero	verdad

verŝajna	verosímil
	horas
vespero	vespertinas
	ropa, vestido en
vest(aĵ)o	general
	tiempo (estado at-
vetero	mosférico)
veturi	viajar, ir en vehículo
vi	usted, tú
vico	fila, hilera
vilaĝo	aldea

vintro	invierno
viro	hombre (varón)
vizaĝo	cara, rostro
viziti	visitar
vojo	camino, vía
voki	llamar
vorto	palabra, vocablo
vulpo	zorro
	cuidar de,
zorgi	preocuparse

APÉNDICES

I
EL ESPERANTO EN LA ERA INTERNET

ESTUDIAR IDIOMAS EN la nueva era Internet, no es más la difícil y tediosa tarea gramatical a la que estuvimos habituados. El "multimedia" aplicado ordenada y racionalmente a cualquier idioma facilita enormemente su aprendizaje por más difícil que parezca.

En el caso del Esperanto, una lengua de fácil aprendizaje, comparada con cualquier otra, nos permite adquirir su dominio en muy poco tiempo y perfeccionarlo en un fácil contacto con esperantistas de todo el mundo a través de la red.

A quienes utilicen el presente *Manual de Jorge Hess*, ya sea en un curso grupal, o en forma individual para un estudio personalizado, tenemos necesariamente que conducirlos al uso de la computadora, para un ingreso al mundo esperanto donde la lengua internacional es un lenguaje diariamente utilizado, donde se experimenta como lengua viva, adaptable a todas las situaciones y a una multicultura planetaria.

Las nuevas generaciones ya pueden considerarse cibernéticas, aunque esto puede ser molesto todavía para la actual generación adulta. Por lo cual lo expresado resulta más que obvio.

Basta sugerir a un alumno que vaya a *Google* e ingrese con la palabra "Esperanto", para descubrir que existen millones de "sitios" fácilmente asequibles, aún en idiomas chino, japonés, ruso, hindi, árabe o hebreo etcétera, con alfabetos propios, que también reconocen en el Esperanto a la lengua internacional y tienen páginas y manuales de estudio.

Es muy probable que quienes utilicen este manual ya estén familiarizados en el uso de Internet y hayan visitado los sitios locales o internacionales más conocidos.

Esto es lo que ahora atrae al estudio del esperanto, ya que es muy fácil tener la información básica sobre los orígenes del Esperanto, su estructura racional de lengua planificada y la denodada labor de su iniciador el doctor Ludovico Lázaro Zamenhof (1859-1917).

Ingresando en cualquier lengua en la *Wikipedia* habrá información más que suficiente y cuando se tenga el manejo básico del esperanto, podrá adquirirse un vasto conocimiento de la historia y cultura esperantista mundial, en la *Vikipedio*, algo que no es fácil tener a mano en un libro.

Aun sobre la historia del movimiento esperantista argentino, en nuestro caso, la información básica está allí.

Junto a este manual, cualquier estudiante encontrará cursos muy completos en la red, que le serán sumamente útiles para acostumbrar el oído a la musicalidad del idioma, con una correcta pronunciación y una experiencia de la lengua viva, practicando la formación de las palabras a través de los afijos y sufijos.

En la Escuela de Esperanto, podrá también solicitarse un CD con la grabación de todas las lecciones.

Además de los cursos que se encuentran en los "sitios" de las asociaciones y grupos locales de cada país, algunos cursos internacionales pueden recomendarse, entre ellos *http://lernu.net* complementado con *http://edukado.net* que corresponden directamente a iniciativas de UEA, la Asociación Universal de Esperanto *http://www.uea.org*. Estas páginas son todas multilingües: es decir pueden visitarse en una treintena de idiomas. Allí se le informará que diccionarios utilizar en la red o como adquirir el PIV- Plena ilustrita vortaro.

El conocido curso "Mazi en Gondolando" se encuentra también para su libre uso en *Youtube*:

http://www.youtube.com/watch?v=76SSD1JJqa8.

Por supuesto que cualquier docente aconsejará a su alumnado en primer lugar que se relacione con el Movimiento esperantista local. En el caso de Argentina la página oficial del país es *http://www.esperanto.org.ar* donde AEL, la Liga Argentina de Esperanto y su Escuela brindan toda la información. Allí mismo se informa sobre el movimiento esperantista en los países hispanohablantes y los principales sitios que ofrecen cursos y asesoramiento.

El manual de Boris Kolker, "Vojaĝo en Esperanto-lando"se ha vuelto actualmente un verdadero "best seller" para profesores y estudiantes, para un ulterior perfeccionamiento del Esperanto.

Un paso simultáneo será empezar a escuchar las transmisiones de Radio internacionales en esperanto y visitar los sitios que brindan el abundante repertorio de canciones en esperanto, correspondiente a todos los estilos y culturas. Aprender las letras de las canciones y cantarlas en voz alta según los propios gustos es una forma aconsejable en el aprendizaje de todos los idiomas, y escuchar las noticias internacionales o leerlas diariamente, será la mejor práctica para la adquisición de un rápido dominio de la lengua internacional.

He aquí algunos sitios de Internet: *http://osiek.org/aera/* y

http://www.esperanto-panorama.net/unikode/radio.htm.

El programa diario de una hora de duración más conocido es el de la radio China internacional *http://esperanto.cri.cn/* que se transmite desde hace unos cincuenta años.

Para canciones: ver entre otros sitios, además de *Youtube*: *http://www.musicexpress.com.br/stilo.asp?stilo=36.*

http://www.esperanto-panorama.net/unikode/muziko.htm.

y la editora "Vinilkosmo" *http://www.vinilkosmo.com/* que vende en general toda la discografía existente.

Los aficionados al rock o al tango y otra música moderna encontrarán allí las canciones del conocido compositor esperantista argentino Alejandro Cossavella.

A quienes acostumbran leer la Biblia, se les propone la lectura en esperanto, cosa que puede realizarse ya desde las primeras lecciones, comparando el texto de cualquier otro idioma: *http://www.site-berea.com/C/sb/index.html.*

El aprovechamiento de los "mails" "Chat" para relacionarse con otros esperantistas de todo el mundo y perfeccionar la lengua y adquirir fluidez escrita y hablada, es un paso importante como complemento de cualquier curso. Igualmente, el ingresar a los grupos de habla esperanto en las nuevas "redes sociales" es una oportunidad más para utilizar la lengua internacional y adquirir fluidez.

Antes del advenimiento de Internet era normal brindar direcciones de esperantistas que deseaban comunicarse por medio de cartas o postales. Ahora el correo Internet ha borrado totalmente y en forma instantánea todas las fronteras.

El KSM "Korresponda servo mondskala" y otros sitios le brindaran direcciones de interesados en correspondencia personal:

Demás está decir que el mundo Internet está en permanente cambio y sus páginas pueden desaparecer o reaparecer con nuevos nombres y servidores.

Y luego, la lectura recomendada –en voz alta si fuera posible– de textos de Zamenhof o de su serie de discursos en los Congresos Universales en los que participó, llevará a cualquier alumno al mejor nivel lingüístico. Y por supuesto el conocimiento más completo posible y la lectura del "Fundamento del Esperanto" como guía para el uso de la lengua.

La suscripción a revistas esperantistas locales o internacionales, la compra de libros, así como la inscripción en asociaciones o grupos esperantistas, de toda índole social, técnica o religiosa, es la etapa natural de quienes empiezan a sentirse miembros activos que ya se identifican con los objetivos de la lengua internacional en la creación de una nueva realidad planetaria solidaria, cooperativa e igualitaria, de convivencia pacífica.

Además ya existen en Internet numerosos sitios que ofrecen cientos de libros que pueden bajarse gratuitamente para leer.

UEA, "Universala E-Asocio", *http://www.uea.org* fundada en 1909 por sugerencia del mismo Zamenhof, coordina la difusión de la lengua en todo el mundo y uno puede inscribirse como Delegado local. UEA es representada en cada país por una asociación o Liga de esperantistas local. En Argentina: AEL: "Argentina E-Ligo"

Aprender enseñando, fue el tradicional método propuesto por su iniciador para que la lengua internacional pudiera ser difundida y se transformara en una realidad. A medida que uno aprende Esperanto lo difunde iniciando según sus propios conocimientos a los demás: un hermano, un hijo, un amigo etcétera.

Al tener que enseñar a los demás nos vemos obligados a profundizar nuestros propios conocimientos.

Los docentes –"Instruistoj"– y profesores de esperanto tienen su propia asociación internacional ILEI "Internacia ligo de Esperantaj Instruistoj" afiliada a la "Federación internacional de docentes de lenguas vivas", su objetivo es entrenar pedagógica y didácticamente a docentes para las escuelas o para el nivel universitario: *http://ilei.info/* asociada al IEI "Internacia E-Instituto" *http:// www.iei.nl* y otras instituciones similares.

Desde el año 1905 a instancias del iniciador del Esperanto, se comenzó a celebrar anualmente un UK "Universala Kongreso".

Estos congresos internacionales, que son casi ya un centenar, son los únicos congresos internacionales que no requieren intérpretes ni traductores. Siempre la lengua internacional es la lengua oficial del Congreso. Participar en alguno de estos congresos o sus similares de carácter nacional o local suele ser la meta de todo esperanto-hablante.

Por lo demás, TEJO, "tutmonda E-junulara Organizo", la organización juvenil esperantista –*http://www.tejo.org/*– dirige un servicio mundial – *http://www.pasportaservo.org/*– llamado "Pasporta Servo", que ofrece alojamiento gratuito a todo esperanto-hablante en muchas ciudades de todo el mundo. Única condición, hablar en esperanto y realizar previos contactos.

El fenómeno Internet, resulta inabarcable en su totalidad. Hemos brindado en resumen un complemento útil para quienes a través de este manual se inician en la lengua internacional Esperanto.

Internet está creando en cada uno de nosotros una nueva conciencia planetaria: somos una entidad humana multiétnica y multicultural, fundamentalmente igual en su diversidad, y parte inseparable de la biosfera-biodiversidad que está llamada a convivir pacífica y solidariamente, para evitar la autodestrucción.

Un idioma común para los humanos puede ser un gran instrumento para lograr esta soñada armonía de la fraternidad universal. (R.S.)

II
EL FUNDAMENTO DEL ESPERANTO

Texto de L.L.Zamemhof

EL FUNDAMENTO DE Esperanto es un libro escrito por *L. L. Zamenhof*, publicado en julio de 1905 para ser presentado al primer congreso de esperantistas a celebrarse en Boulogne-sur-mer, Francia.

El 9 de agosto de 1905, durante este congreso. se declaró este texto como la ley fundamental del idioma, en el cuarto artículo de la *Declaración de Boulogne-sur-mer*.

Es considerado el reglamento esencial y obligatorio del esperanto y es por lo tanto intocable, como lo expresa el Autor insistentemente en el siguiente texto, que es el prólogo al libro.

El Fundamento consiste en cuatro partes: un Prólogo (Antaŭparolo), una Gramática (Gramatiko), una colección de ejercicios (Ekzercaro) y un Diccionario Universal (Universala Vortaro).

Con la excepción del Prólogo, todo lo que está en el Fundamento viene de trabajos anteriores de Zamenhof.

La "Academia universal de Esperanto" fue creada durante el mismo congreso como "Comité de la lengua" que debía acompañar y controlar la evolución natural del Esperanto, respetando las estructuras del fundamento.

El siguiente texto es una traducción libre del original en Esperanto.

PRÓLOGO AL FUNDAMENTO DEL ESPERANTO.

Para que la lengua internacional pueda progresar bien según sus propias reglas y para que haya una plena certeza de su funcionamiento en el futuro, ante todo la condición más necesaria es: la existencia de un Fundamento de la lengua, claramente definido e intocable.

Cuando nuestra lengua esté oficialmente aceptada por los gobiernos de las principales naciones con leyes especiales que garanticen su utilización, neutralizando los caprichos personales o disputas sobre reformas, recién entonces un Comité autorizado, elegido por consenso de todos los gobiernos, tendrá el derecho de hacer en el fundamento de la lengua de una vez para siempre todos los cambios que se mostrasen necesarios.

Pero hasta ese momento el fundamento del Esperanto debe permanecer absolutamente invariable, porque la severa invariabilidad de nuestro fundamento es la más importante garantía de nuestro progreso futuro, pacífico y regular.

Ninguna persona ni ningún grupo deben arrogarse el derecho de hacer arbitrariamente ni aún el más mínimo cambio en nuestro fundamento.

Todos los esperantistas deben recordar este principio fundamental y ser capaces de neutralizar enérgicamente vulneración de este principio, porque desde el momento que lo hayamos vulnerado habrá comenzado nuestra muerte.

Según un tradicional acuerdo de todos los esperantistas hace ya largo tiempo, las siguientes tres obras son vistas como el fundamento del Esperanto:

1. Las 16 reglas gramaticales.

2. El "Diccionario Universal";

3. El "Libro de Ejercicios".

El Autor del Esperanto vio siempre a estas tres obras como leyes de la lengua planificada, y a pesar de frecuentes tentaciones y pedidos, no se permitió –al menos conscientemente– ni aún el más pequeño desvío de estas leyes. El Autor espera que; para asegurar el futuro de la lengua, todos los esperantistas también observen estas tres obras como el único legal e invariable fundamento del Esperanto.

Para que una nación sea fuerte y exitosa y pueda desarrollarse sanamente, es necesario que cada ciudadano sepa que nunca dependerá del capricho de alguna persona, desobedecer a las leyes fundamentales de su tierra, las cuales son igualmente obligatorias para gobernantes y gobernados y en las cuales nadie tiene el derecho personal de hacer arbitrariamente cambios o agregados.

Del mismo modo para que nuestra lengua progrese bien, igual para todos, es necesario que todo esperantista tenga la plena certeza, de que hay una obra escrita donde se define claramente cuales son sus estructuras fundamentales que no pueden cambiar.

Por esta causa, para dar fin a malentendidos y disputas, y para que cada esperantista sepa claramente como debe guiarse, el autor del esperanto decidió editar ahora en forma de libro estas tres obras, que según el consenso de todos los esperantistas, desde hace tiempo se reconocen como el fundamento del Esperanto.

Por lo mismo, el Autor les pide a todos los esperantistas que sus ojos estén siempre fijos no en él, sino en este libro.

Hasta que llegue el momento en que alguna institución autorizada por todos e indisputable decida otra cosa, todo lo que se encuentra en este libro debe ser observado como una regla invariable igual para todos. Cualquiera que esté contra este libro; y no observe las reglas de la lengua, debe recibir nuestro total rechazo.

Sólo las arriba nombradas tres obras publicadas en el libro "Fundamento de Esperanto", deben ser vistas como oficiales. Cualquier otra obra del Autor con consejos o propuestas deben ser consideradas solo como obras privadas, y los esperantistas —si las encuentran útiles para la unidad de nuestra lengua— las pueden ver como modelos, pero de ningún modo obligatorias.

Repito que como fundamente fundamento, solo las tres obras reimpresas en este libro deben considerarse intocables.

Por eso los lectores verán que aunque haya alguna imprecisión se ha conservado sin cambios la primera edición del "Diccionario Universal". El Autor mismo no ha querido hacer correcciones ni cambios respetando la ley intocable del Fundamento. La incorrección en la traducción de alguna palabra no presenta un gran inconveniente, porque comparando la traducción a otras lenguas, uno fácilmente encuentra el verdadero sentido de cada palabra. Quise así mostrar con el ejemplo la intocabilidad del fundamento.

A todos los que me demuestren que hay imprecisiones en el libro Fundamental, les responderé tranquilamente: que aún así debe quedar intocable, porque nadie tiene derecho a hacer cambio alguno.

El "Fundamento de Esperanto" no debe sin embargo, ser mirado como el mejor libro de texto y diccionario de Esperanto. De ninguna manera. A los esperantistas que quieran perfeccionarse en Esperanto, les recomiendo los diversos libros de texto y diccionarios, muchos mejores y más amplios, los cuales están editados por nuestros más competentes amigos para cada nación por separado y de los cuales los más importantes están editados muy bien y cuidadosamente, bajo mi control personal y con mi ayuda, y muchos más sin duda se editarán en el futuro.

Pero, repito, para respetar la unidad básica de la lengua en el presente y en el futuro el "Fundamento de Esperanto" debe encontrarse en las manos de todo buen esperantista como constante documento de guía. Las palabras y reglas oficiales, deben encontrarse en cada manual para el aprendizaje del Esperanto, garantizando el futuro de la lengua. El "Fundamento de Esperanto" debe encontrarse en las manos de cada esperantista como constante controlador, el cual lo preserva de desviación del camino de unidad.

He dicho que el fundamento de nuestra lengua debe ser absolutamente intocable, aún cuando nos parezca que este o aquel punto, están sin duda errados. Esto podría sugerir que nuestra lengua quedará siempre rígida y que nunca se desarrollará Pero no es así. A pesar de la severa intocabilidad del fundamento, nuestra lengua tendrá la plena capacidad no solamente de enriquecerse, sino de mejorarse y perfeccionarse constantemente; la intocabilidad del fundamento sólo nos garantiza constantemente, que ese perfeccionamiento se hará, no en forma arbitraria, cambiando o anulando reglas e inutilizando toda nuestra literatura anterior, sino por vía natural, evolutiva, por el prolongado uso de los esperantistas mismos, sin confusión ni peligro de destrucción de la lengua. Sobre este tema hablaré en el Congreso y solo agrego aquí algunas ideas.

1. Enriquecer la lengua con nuevas palabras ya se está haciendo ahora aconsejándose con aquellas personas que son vistas como las más autorizadas en el uso de nuestra lengua, y reco-

mendando naturalmente su uso en la literatura. En la correspondencia privada, sobre todo con aquellos que no dominan bien la lengua, es mejor utilizar solo las palabras del diccionario para que el corresponsal tenga la posibilidad de encontrarlas y comprender lo que se escribe. En el futuro, cuando nuevas palabras sean comunes y estén maduras en su uso, quedarán añadidas al fundamento en los diccionarios oficiales.

2. Si alguna institución central autorizada en el futuro encontrara que alguna palabra es demasiado inoportuna, podrá proponer nuevas formas, considerando la anterior como un "arcaísmo", del mismo modo que ocurre con todas las lenguas naturales. Pero, representando parte del Fundamento, estos arcaísmos nunca serán desechados, sino que siempre serán impresos en diccionarios y libros de texto. De este modo ninguna obra en Esperanto perderá vigencia, valor y comprensibilidad en el futuro.

Ya demostré que la severa intocabilidad del "Fundamento" guardará para siempre la unidad de nuestra lengua, no dificultando sin embargo, su enriquecimiento, y constante perfeccionamiento. Pero en la práctica nosotros debemos ser siempre muy cuidadosos con cada "perfeccionamiento" de la lengua: No debe hacerse desaprensivamente sino sólo en caso de efectiva necesidad; y no lo debe hacer por su cuenta cualquier persona aislada, sino alguna Institución que tenga autoridad reconocida por todos los esperantistas

Y termino resumiendo lo expuesto con estas palabras finales:

1. Por la unidad de nuestra lengua para siempre, todo buen esperantista debe ante todo conocer bien el fundamento de nuestra lengua.

2. El fundamento de nuestra lengua debe permanecer siempre intocable;

3. Hasta el momento en que una institución central autoriza-
da decida ampliar, nunca cambiar, el fundamento actual por
la oficialización de nuevas palabras o reglas, que no se en-
cuentran en el "Fundamento de Esperanto", ninguna novedad
puede considerarse obligatoria sino recomendada por el uso
común.

Las ideas expresadas como introducción al Fundamento de
Esperanto, representan la opinión privada del Autor. Tendrán
su sanción legal al ser aceptadas por el próximo "Primer
Congreso mundial de esperantistas", al cual esta obra junto
con su prólogo serán presentados. *L. L. Zamenhof* – Varsovia,
Julio de 1905.

ÍNDICE

www.ingramcontent.com/pod-product-compliance
Lightning Source LLC
Chambersburg PA
CBHW021202160726
47994CB00001B/326